Was der
Westernrichter
sehen will

Was der **Westernrichter** sehen will

Tipps für Turniereinsteiger · Turniertaktik · Bewertungskriterien

von Renate Ettl

CADMOS
PFERDEBÜCHER

Gestaltung und Satz: Ravenstein, Verden
Herausgeber: Hans J. Schmidtke
Titelfoto: Peter Ettl
Fotos: Peter Ettl
Druck: Westermann Druck, Zwickau

Printed in Germany

ISBN 3-86127- 543-1

Inhalt

Im Dschungel des Westernturniersports

1

Auf EWU-Turnieren sind Pferde jeglicher Rasse startberechtigt.

So facettenreich das Westernreiten mit seinen unterschiedlichen Disziplinen ist, so undurchsichtig ist auch die Vielfalt der Verbände, Strukturen und Regelungen in diesem Sport. Für den Turniereinsteiger türmen sich schier unüberwindliche Hindernisse auf, denn es ist beileibe nicht einfach, sich in diesem Dschungel zurecht zu finden. Neben der Frage, welche Disziplin wohl am geeignetsten erscheint, muss man sich zunächst erkundigen, in welcher Klasse man selbst und sein Pferd überhaupt starten darf.

In den rassebezogenen Verbänden wie der AQHA (American Quarter Horse Association) – für Deutschland die DQHA (Deutsche Quarter Horse Association) –, dem ApHC (Appaloosa Horse Club) oder dem PHCG (Paint Horse

Club Germany) scheidet ein Turnierstart mit andersrassigen Pferden aus. Auf den Turnieren der rasseoffenen Vereine und Verbände wie der EWU (Erste Westernreiter Union Deutschland), die als Dachverband der Westernreiter in Deutschland fungiert und in die jeweiligen Landesverbände aufgeteilt ist, sind alle Pferde – gleich welcher Rasse – startberechtigt. In allen Verbänden werden aber wiederum die Reiter in bestimmte Leistungs- oder Altersklassen eingestuft.

Des Weiteren gibt es Verbände, die sich speziellen Disziplinen verschrieben haben, wie die NRHA (National Reining Horse Association) oder die NCHA (National Cutting Horse Association).

Jeder Verein oder Verband hat seine eigenen Bestimmungen und Regeln, sodass man nicht umhin kommt, sich in die jeweiligen Regelbücher einzulesen, um einen Überblick zu erhalten.

Doch selbst wenn all diese Fragen geklärt sind, wenn man das jeweilige Regelbuch wie seine Westentasche kennt und möglicherweise schon mehrere Jahre lang Turniere geritten ist, wird sich über kurz oder lang das Ziel vom „Dabei sein ist alles“ zu einer erfolgsorientierten Teilnahme wandeln.

Ein talentiertes und gut trainiertes Pferd sowie fundierte reiterliche Fähigkeiten sind Grundlagen für einen möglichen Turniererfolg. Dennoch reichen diese Voraussetzungen heutzutage längst nicht mehr aus, um Schleifen und Pokale zu sammeln, da das Niveau einen sehr hohen Standard erreicht hat. Der Turniersport unterliegt stets Wandlungen und Modeerscheinungen und wird nicht zuletzt auch von den Sichtweisen der Richter geprägt. Turniertaktisches Verhalten ist nützlich, um einerseits unnötige Fehler zu vermeiden, andererseits hilft es dem Reiter, sich kurzfristig für einen weniger schwer wiegenden Fehler zu entscheiden, um sich so eventuell doch noch in die Platzierung zu retten. Somit ist es für den erfolgsorientierten Reiter wichtig zu wissen, was der Richter auf dem Turnier sehen möchte und wie in den einzelnen Disziplinen bewertet wird, um beständigen Erfolg zu haben.

Allgemeine Regeln und Hinweise

2

Erfolgsorientierte Reiter wissen, was der Richter sehen will.

Das Regelbuch

Das Regelbuch ist die Bibel für den Turnierreiter. An die darin festgeschriebenen Bestimmungen müssen sich alle Turnierteilnehmer halten. Sie unterschreiben mit Ihrer Nennung, dass Sie die Regeln anerkennen. Fast jeder Verband hat ein eigenes Regelbuch, man sollte sich also mit den jeweiligen Bestimmungen vor dem Turnierstart vertraut machen, um einem Punktabzug oder gar einer Disqualifikation zu entgehen. Im Regelbuch sind unter anderem alle Bestimmungen für die jeweiligen Disziplinen, aber auch die erlaubte Ausrüstung und die entsprechenden Punktabzüge bei verschiedenen Fehlern festgehalten. Im Allgemeinen sind alle wichtigen Punkte hier geregelt, dennoch kann nicht jede individuelle Situation, wie sie auf einem Turnier vorkommen kann, erläutert werden. Insbesondere bei Disziplinen, in denen es keine vorgeschriebenen Score-Listen und somit kein festgelegtes Bewertungsschema gibt, wie beispielsweise in der Western Pleasure oder in der Western Horsemanship, kann es Unterschiede in den Sichtweisen der Richter geben. Die Wertigkeit bestimmter Fehler und die Qualität der Vorführung kann in den Augen der einzelnen Richter variieren. Darüber sollte man als Reiter Bescheid wissen, um sich darauf einstellen zu können und die Präsentation seines Pferdes darauf auszurichten.

Der Ablauf einer Prüfung, wann genau welcher Penalty-Bereich (Englisch *penalty*: Strafpunkt) beginnt und welcher Fehler schwerer wiegt, ist im Regelbuch nicht immer exakt angegeben. Manche Reiter wissen beispielsweise auch nicht, was man unter einem Handwechsel versteht, wann dieser wie ausgeführt werden darf oder muss. Auch wann ein Zögern des Pferdes als Verweigerung gewertet wird und wie viele Punkte man damit einbüßt, ist nicht jedem Reiter klar. Doch gerade dieses Wissen kann die Entscheidung über Sieg oder Niederlage bedeuten.

Tipps zur Ausrüstung

Besonders in Freizeitreiter- und Einsteigerklassen passiert es immer wieder, dass Teilnehmer aufgrund falscher oder nicht korrekt eingesetzter Ausrüstung disqualifiziert werden müssen. Man sollte sich deshalb informieren, welche Ausrüstungsgegenstände erlaubt und welche verboten sind. Ganz besonders aber ist darauf zu achten, dass Zäumungen und Gebisse korrekt verschnallt sind und die Zügel richtig gehandhabt werden.

Zäumungen und Gebisse

Welche Zäumungen und Gebisse für welche Klassen erlaubt sind, setzt das Regelbuch fest. Bei Snafflebits (Wassertrensen) ist darauf zu achten, dass der Gebissdurchmesser mindestens 0,8 Zentimeter – und zwar vom Rand 2,54 Zentimeter (ein Inch) nach innen gemessen – beträgt. Zur Mitte hin darf sich der Durchmesser verjüngen.
Erlaubt sind O-Ring, D-Ring und Olivenkopftrensen, wenn sie die Maße der Gebissring- und Durchmessergrößen einhalten. Das Gebiss darf weder scharfkantig noch mit Metall umwickelt sein. Somit scheiden Trensen, die mit einem Kupferdraht umwickelt sind, aus. Auch Kupferrollentrensen sind verboten.

Zu den verbotenen Snafflebits gehören auch Gummitrensen, Gebisse mit Kupferauflagen (nicht -einlagen!) und beschichtete Trensen, die durch Abnutzung scharfkantig werden können. Das so genannte Twisted Wire-Snafflebit ist bei den meisten Verbänden verboten, nicht hingegen bei der AQHA.

Erlaubte Gebisse sind einfach und doppelt gebrochene Trensen mit glatter Oberfläche, auch die Schenkel- oder Steg-Trense, die Scharniertrense und das Billy-Allen-Snafflebit, allerdings nur, wenn die mittlere Rolle nicht so dick ist, dass sie weiter nach unten herausragt als die Schenkelenden. Bei der NRHA sind Billy-Allen-Bits und Stegtrensen wiederum nicht erlaubt.

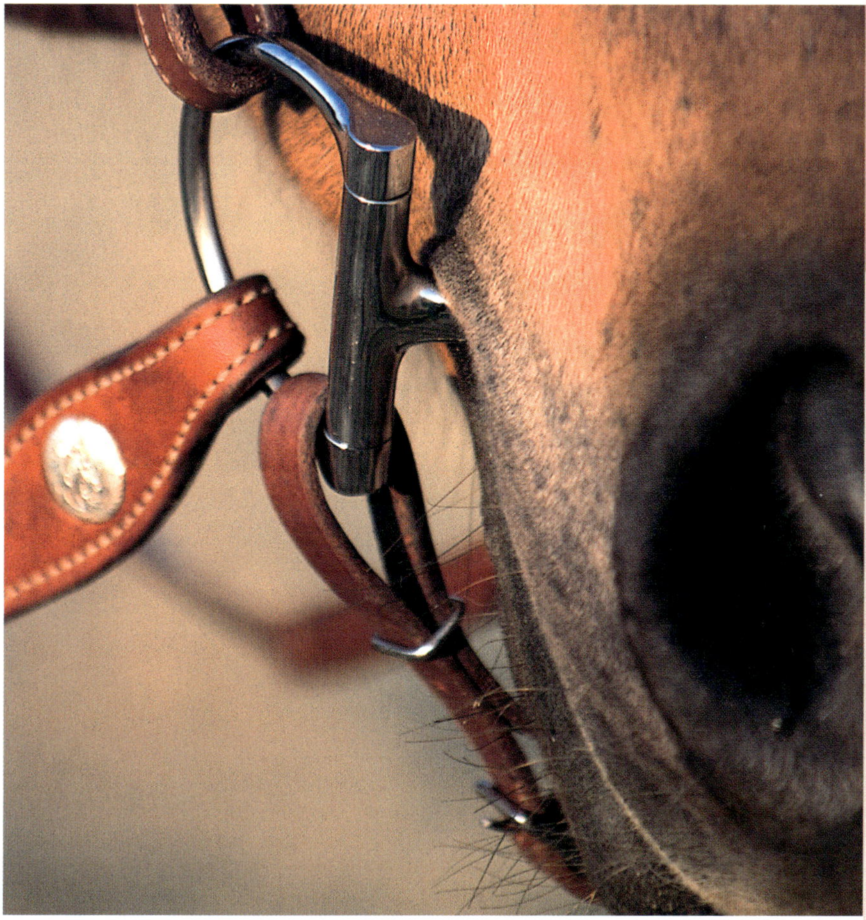

Nach den Regeln der meisten Verbände darf beim Snafflebit der Kinnriemen nicht vergessen werden. Er muss unter den Zügeln verschnallt werden.

Die Drei-Ring-Trense ist als Snafflebit unzulässig, auch wenn die Zügel im oberen Ring eingeschnallt werden und somit keine Hebelwirkung erfolgt.

Als Bit ist die Drei-Ring-Trense erlaubt, ebenso alle Formen der Snaffle with Shanks (gebrochene Hebelarmgebisse) und ungebrochene Hebelarmgebisse, sofern Teile nicht nach unten herausragen, lose oder scharfkantig sind. Manchmal ragen die Gelenke beim Correction Bit nach unten oder die (dicke) Rolle beim Billy-Allen-Bit. Dies kann dann bei der Gebisskontrolle zur Disqualifikation führen. Beispiele für erlaubte Bits sind Low Port- und High Port-Bits (die Zungenfreiheit darf nicht höher als 7,6 Zentimeter, also drei Inch sein).

Zur Zäumung gehört in jedem Fall ein Kinnriemen beim Snafflebit (Kinnketten sind nicht erlaubt), ein Kinnriemen oder eine Kinnkette beim Bit. Die Mindestbreite des Kinnriemens (beziehungsweise der Kinnkette) ist 1,25 Zentimeter. Fehlt der korrekte Kinnriemen, führt auch dies zur Disqualifikation.

Der Kinnriemen muss unter dem Gebiss verschnallt werden. Nur die NRHA macht hierüber keine Vorschriften.

In Klassen, in denen beidhändige Reitweise erlaubt ist, kann der Reiter wahlweise ein Snaffle bit oder eine Bosal Hackamore verwenden.

Bitte kein Bit!

Snaffle with Shanks und Dreiring-Trensen gelten immer als Bit (Hebelarmgebisse), auch wenn die Zügel in die oberen Ringe eingeschnallt werden und somit keine Hebelwirkung zustande kommt. Der Einsatz dieser Gebisse ist darum in Klassen, in denen mit Snafflebit beidhändig geritten wird, nicht erlaubt.

In Klassen, in denen der Einsatz eines Snafflebits erlaubt oder vorgeschrieben ist, kann der Reiter stattdessen auch eine Bosal Hackamore verwenden. Diese besteht aus dem Bosal (dessen Kern aus Rohhaut sein muss und dessen Ummantelung aus Leder, Seil oder Rohhaut ist) und einer Mecate (geschlossener Zügel).

Eine so genannte mechanische Hackamore (gebisslose Hebelarmzäumung) oder andere gebisslose Zäumungen sind nicht erlaubt.

Zügelführung

Grundsätzlich wird das Snafflebit beidhändig und das Bit einhändig geritten. Die Zügelführung ist stets vom verwendeten Gebiss abhängig. Die Zäumung hingegen ist von der Klasse und vom Alter des Pferdes abhängig. Bei Trensenzügeln sind offene Split Reins vorgeschrieben, die mit einer so genannten Zügelbrücke geritten werden, wobei beide Zügel durch beide Hände laufen müssen. Wird während der Prüfung keine Zügelbrücke gebildet – auch nur kurzzeitig – zieht dies (außer bei der NRHA) eine Disqualifikation nach sich.

Das Bit (Hebelarmgebiss) darf grundsätzlich nur einhändig geritten werden (Ausnahme: Freestyle Reining). Dabei ist lediglich ein Finger (Zeigefinger) zwischen den beiden Zügeln erlaubt, sofern mit Split Reins geritten wird. Die Zügelenden müssen auf der Seite der Zügelhand herabhängen. Verwendet werden dürfen außerdem geschlossene Romal-Zügel, bei denen das Ende in einer peitschenförmigen Verlängerung ausläuft. Die Verlängerung darf mit der zweiten Hand gehalten werden, jedoch in lockerer Haltung und in mindestens 40 Zentimetern Abstand zur zügelführenden Hand. Beim Romal-Zügel darf kein Finger zwischen den Zügeln sein. Ablängen (Durchziehen der Zügel mit der zweiten Hand) ist nicht erlaubt.

Handwechsel

Unter einem Handwechsel versteht man das Wechseln der Zügelhand von der linken zur rechten Hand oder umgekehrt (bei einhändiger Zügelführung) oder das Wechseln von der beidhändigen zur einhändigen Zügelführung und umgekehrt.

Ein (einmaliger) Handwechsel ist nur am Tor in den Disziplinen Trail und

Das Snafflebit muss in fast allen Verbänden mit Zügelbrücke geritten werden.

Das Bit (Hebelarmgebiss) wird mit einer Hand geritten.

Ein einmaliger Handwechsel ist nur am Tor in der Disziplin Trail und Super Horse erlaubt.

Super Horse erlaubt oder dann, wenn er für andere Hindernisse ausdrücklich gestattet wurde.

Bei einhändiger Zügelführung greift man dabei mit der neuen Zügelhand in die Zügel, wenn man das Hindernis angeritten hat und das Pferd still steht. Anschließend zieht man die Zügelenden auf die Seite der neuen Zügelhand. Nun ist der Handwechsel vollzogen und man kann weiter reiten. Jetzt darf der Reiter aber nicht mehr mit der ursprünglichen Zügelhand in die Zügel greifen, dies würde als zweite Hand am Bit-Zügel gelten und führt zu einem 0-Score. Wenn das Tor bewältigt ist, muss die zügelführende Hand wieder zurück gewechselt werden, bevor weiter geritten wird, ansonsten wird dies als unerlaubter Handwechsel gewertet.

Wechselt man von der beidhändigen Zügelführung zur einhändigen, um das Tor zu öffnen, ist es erlaubt, die Zügel in der so genannten Arbeitshaltung zu führen (die Zügelenden hängen wie bei der beidhändigen Zügelführung links und rechts vom Pferd herab) oder die Zügel so zu halten, wie sie beim einhändigen Reiten mit Bit praktiziert wird (beide Zügelenden hängen zur Seite der Zügelhand herab).

Beim Umsetzen eines Gegenstands darf bei einhändiger Zügelführung die Zügelhand nicht gewechselt werden. Ist die rechte Hand die zügelführende Hand und liegt der Gegenstand ebenfalls auf der rechten Seite, muss man mit der linken Hand über die Zügelhand greifen, um den Gegenstand aufzunehmen.

Soll ein Gegenstand transportiert werden, darf auch hier die Zügelhand nicht

Zum Übersetzen oder Transportieren eines Gegenstands darf die zügelführende Hand nicht gewechselt werden.

gewechselt werden, wenn man einhändig reitet. Reitet man jedoch beidhändig, darf man nach Aufnehmen des Gegenstands beide Hände wieder zum Zügel nehmen, wenn dies möglich ist (zum Beispiel wenn man den zu transportierenden Gegenstand unter den Arm klemmt). Dies ist deshalb erlaubt, weil Einsteiger, die beidhändig reiten dürfen, oft noch Schwierigkeiten haben, einhändig zu reiten.

Wenn man beim zweihändigen Reiten auf die einhändige Zügelführung umstellt, um das Tor beim Trail zu öffnen, das Pferd jedoch ausweicht und man das Tor noch nicht greifen konnte, darf man nochmals mit beiden Händen das Pferd ans Hindernis heranreiten, ohne dass dies als unerlaubter Handwechsel geahndet wird. Sobald man das Tor jedoch mit der freien Hand berührt hat, wird ein Wechsel zur beidhändigen Zügelführung bestraft, solange das Tor nicht vollständig bewältigt worden ist. (Tipp fürs Trailreiten: Wenn man aus Versehen die zweite Hand zum Zügel genommen hat, sollte man besser vom Tor ganz ablassen und weiterreiten. Damit erhält man nur fünf (+) Penaltys für das Loslassen beziehungsweise Nichtbeenden des Tors, ansonsten würde man null Punkte für den Gesamtparcours bekommen).

Bei der Umstellung von der zweihändigen zur einhändigen Zügelführung darf man während der Bewältigung des Tores die zügelführende Hand selbstverständlich nicht mehr wechseln. Wenn man also mit der linken Hand zum Tor greift, darf man zwischendurch nicht die Hand wechseln und dann mit der rechten Hand das Tor anfassen.

Langärmeliges Hemd, Bluse oder Pullover, eine lange Hose, Westernstiefel und Hut gehören zum Standard-Outfit des Westernturnierreiters.

Das Outfit von Reiter und Pferd

Die Kleidungsvorschriften der Westernreiter besagen lediglich, dass der Reiter einen Westernhut (alternativ Sturzkappe), Stiefel oder Stiefeletten sowie langärmeliges Hemd beziehungsweise Bluse oder Pullover und eine lange Hose zu tragen hat. Somit bleibt dem Reiter viel Raum für den persönlichen Geschmack.

Neben den erlaubten Gebissen und entsprechendem Zaumzeug (es kann ein Stirnriemenzaum oder ein Einohrzaum verwendet werden) ist das Pferd mit einem Westernsattel auszustatten. Wanderreitsättel und Westernsättel ohne Horn sind nicht erlaubt, Ausnahme: Freizeitreiterklasse.

Über Geschmack lässt sich streiten

Obwohl das Reiteroutfit nach dem persönlichen Geschmack gewählt werden kann, sollte man sich Gedanken machen, welche Kleidung vorteilhaft erscheint. Die Richter lassen sich sehr wohl durch das Outfit beeindrucken, auch wenn dies nicht gewollt geschieht. Das Unterbewusstsein trägt unweigerlich zur Entscheidungsfindung bei, sodass man durch eine saubere, geschmackvoll kombinierte Ausrüstung und selbstverständlich ein fein gestyltes Pferd ein harmonisches Bild abgibt, das den Richter möglicherweise dazu animieren kann, die Bewertung höher anzusetzen.

Kleidung und Ausrüstung sind unter anderem auch von Modeerscheinungen beeinflusst. Es gibt Jahre, in denen helle Hüte oder karierte Hemden in sind oder mit Glitzerspray herausgeputzte Pferde. Des Weiteren ist es auch disziplinabhängig, für welches Outfit man sich entscheidet. Während man in der Reining weniger auf glitzerndes Equipment setzt, sondern vielmehr der Rasanz und Athletik in dieser Disziplin den Vorzug gibt, ist ein feines Styling in der Horsemanship unentbehrlich. Zwar soll eine Ausrüstung mit Silberbeschlag (Sattel und Zaum) nicht höher bewertet werden als eine gut gepflegte, saubere Arbeitsausrüstung, doch kann es nicht von Nachteil sein, wenn sich der Reiter bemüht, durch ein hochwertiges Äußeres die Blicke von Zuschauer und Richter auf sich zu ziehen. Der Richter kann nur bewerten, was er sieht. Eine graue Maus geht in der Menge schnell unter, während ein herausgeputztes Reiter-Pferd-Paar auffällt und in Erinnerung bleibt.

Vorteilhaft ist ein passender Farbabgleich zwischen der Kleidung des Reiters, der Ausrüstung des Pferdes und der Fellfarbe des Reittiers. Reitet man ein dunkles Pferd, geben helle Hosen oder Chaps einen guten Kontrast. Ein farblich passendes Oberteil des Reiters zum Sattelpad unterstützt den Eindruck von Harmonie und Zusammengehörigkeit von Reiter und Pferd.

Chaps sind kein vorgeschriebenes Kleidungsstück, machen sich aber immer gut. Man sollte genügend lange Chaps wählen, die mindestens bis zum Stiefelabsatz reichen. Zum einen verdecken Chaps die Sporen und können somit einen deutlichen Schenkeleinsatz verbergen, zum anderen vermitteln Chaps den Eindruck eines langen Beines, was grundsätzlich besser aussieht. Man sollte unbedingt darauf achten, dass man überlange Hosen trägt, da sich die Hosenbeine beim Reiten etwas hochziehen. Auch auf dem Pferd sitzend sollten die Hosenbeine noch bis zu den Absätzen reichen, egal ob man nun mit oder ohne Chaps reitet.

Zu den Hosen kann man einen hübsch verzierten Gürtel wählen, zu dem sich eine in Gold oder Silber glänzende Gürtelschnalle gut macht.

Für Disziplinen wie Horsemanship und Pleasure sieht man gerne ein feines, adrettes Styling. Eine passende Farbabstimmung und Chaps gehören dazu.

Blau ist out
Gerne werden vom Westernreiter die bequemen Jeans als Reithosen gewählt. Fürs Turnierreiten sollte man jedoch auf blaue – vor allem ausgewaschene – Jeans verzichten, da Bluejeans als Arbeitshosen der Cowboys gelten und deshalb im Turniersport verpönt sind. Beliebt sind hingegen beige, braune oder schwarze Jeans, da sich mit diesen Farben gute Kombinationsmöglichkeiten ergeben.

Lange Haare sollten für ein fesches Aussehen hochgesteckt werden.

Besonders Frauen mit langen Haaren ist zu raten, zumindest einen Pferdeschwanz zu tragen, wobei man aber darauf achten sollte, dass dieser gerade herabhängt. Ansonsten könnte es den Eindruck machen, dass der Reiter schief sitzt, was insbesondere in der Horsemanship Punkte kosten kann. Es gibt auch nette Haarnetze, in denen man die Haarpracht hochstecken kann, was beim Reiten viel ruhiger und fescher aussieht. Jeglicher Schmuck (zum Beispiel Ohrringe) sollte so gewählt werden, dass er nicht baumelt, da dies sonst unruhig aussieht. Dies gilt auch für die Kleidung, die gut anliegen und nicht zu weit sein sollte, damit die Ärmel beim Galoppieren nicht flattern. Deshalb sind beispielsweise auch Hemden mit Fransen verpönt.

Pferde richtig stylen

Über die Frage, wie Pferde für ein Turnier hergerichtet werden sollen, gibt es immer unterschiedliche Ansichten. Sicherlich kann man alles übertreiben, und nicht jede Modeerscheinung, die über den großen Teich zu uns kommt, ist es wert übernommen zu werden. Es ist zum einen eine Frage des Geschmacks, zum anderen aber auch des Tierschutzes, welche Schönheitsmaßnahmen man ergreift. Ob gefärbtes oder künstlich verlängertes Langhaar sein muss, darf man in Frage stellen. Auch über das Abschneiden von diversen Haaren des Pferdes sollte man sich Gedanken machen. Was aber ohne jegliche Einschränkung beachtet werden sollte, ist die Sauberkeit des Pferdes. Auch Schimmel sind sauber zu kriegen – und wenn man sich hierzu des einen oder anderen Tricks bedient.

Nicht nur sauber, sondern rein...

Es ist obligatorisch, das Pferd kurz vor dem Turnier mit Wasser und Shampoo zu waschen. Auf diese Weise sind Mistflecken und jeglicher Schmutz am besten zu entfernen. Waschen ist jedoch nur bei warmer Witterung möglich. Wenn es noch recht kühl ist, sollte das Pferd auf jeden Fall eingedeckt werden oder unter einem Solarium trocknen können.

Am besten ist ein mildes Shampoo, zum Beispiel Kindershampoo, zu verwenden, da die Haut des Pferdes recht empfindlich ist. Wenn Schaum eines Kindershampoos in die Augen oder auf Schleimhäute gerät, brennt es wenigstens nicht – darum sind diese Shampoos auch angenehmer fürs Pferd.

Zunächst wird das Pferd, beginnend an den Beinen und von dort langsam nach oben, mit dem Wasserschlauch abgeduscht. Der Kopf bleibt ausgespart, denn Pferde mögen es gar nicht, wenn Wasser in Augen und Ohren gerät. Auch unterhalb des Schweifes sollte man auf das Abspritzen verzichten. Nach der Shampoo-Anwendung duscht man das Pferd ausgiebig mit klarem Wasser ab, damit keine Shampoo-Reste im Fell zurück bleiben. Das Langhaar wird separat durchgewaschen, dann streift man das Pferd mit einem Schweißmesser ab und stellt es zum Trocknen in die Sonne. Eine leichte Decke sorgt dafür, dass es sich bis zum Turnierstart nicht wieder schmutzig macht.

Die Tendenz geht in den Disziplinen Horsemanship und Pleasure zur eingeflochtenen Mähne, während man das Langhaar in der Reining lieber offen haben möchte.

Tipps zum Stylen des Pferdes

Will man sein Pferd professionell stylen, beginnt man schon sechs bis acht Wochen vor dem ersten Turnier mit den Vorbereitungen. Manche Profis rasieren den Pferden die Abzeichen (weiße Bereiche an Kopf und Beinen), damit der Sportpartner einen feineren Eindruck erweckt. Dies geschieht mehrere Wochen vor dem Turnier, damit das Haar etwas nachwachsen kann und nicht die rosa Haut zu sehen ist, aber die Haare wesentlich kürzer sind als das dunkle Deckhaar Da weiße Beine dicker erscheinen als dunkle Beine, hilft man sich mit dieser Methode, die Beine dadurch dünner erscheinen zu lassen.

Kurz vor dem Turnier trimmt man das Langhaar des Pferdes nach Geschmack.

Fast obligatorisch in der Westernszene ist der Bridle Path, bei dem etwa eine Handbreit Mähne hinter den Ohren abrasiert wird. Dadurch kommt der Hals besser zur Geltung. Für die richtige Länge des Bridle Path klappt man ein Ohr des Pferdes nach hinten: bis zur Ohrspitze wird geschnitten. Man kann die Mähne für Disziplinen wie Reining oder Trail gerne lang lassen, für Pleasure oder Horsemanship sieht man lieber eine kurz geschnittene Mähne, die man noch mit Gummiringen fixiert (dabei die Mähne leicht anfeuchten!), damit sie besser zu liegen kommt und keine einzelnen Haare abstehen. Man kann die Mähne aber auch je nach Geschmack einflechten. Der Schweif wird auf Höhe des Röhrbeins geschnitten. Um einen fülligeren Schweif zu erhalten und um ihn besser sauber zu halten, wird er einen Tag vor dem Turnier eingeflochten und erst kurz vor der Prüfung gelöst und ausgekämmt.

Um die Konturen des Pferdes zu betonen, werden die Ohren am Ohrrand entlang abrasiert und die Haare bündig geschnitten. Aber Achtung: Das Ausrasieren der Ohren und das Abrasieren sämtlicher Tasthaare ist aus Tierschutzgründen verboten!

Schere weg von Tast- und Schutzhaaren!
Aus Tierschutzgründen ist das Abrasieren (Clippen) von Tasthaaren in Deutschland verboten. Dies gilt selbstverständlich für alle Disziplinen. Zuwiderhandlungen werden mit einer Disqualifikation geahndet.

Babypuder kann helfen, das Weiß des Schimmels zu betonen.

Mit Babyöl und Babypuder

Um das Maul, die Nüstern und Augen herum kann man die wenig behaarten Bereiche mit Babyöl oder einer dafür speziell erhältlichen Schminke betonen. Das Schminken des Pferdes ist ebenfalls Geschmackssache, aber es macht einen feineren Kopf, was bei manchen Pferden vorteilhaft aussieht.

Die zuvor ausrasierten weißen Abzeichen reibt man unmittelbar vor dem Turnier mit Babypuder ein. Dies ist übrigens auch ein gutes Mittel für Schimmel, bei denen man mit Babypuder für ein noch weißeres Fell sorgen kann, insbesondere wenn Mistflecken auch nach dem Waschen noch etwas gelblich schimmern sollten.

Babypuder als Geheimtipp
Der feine, weiße Babypuder ist das Mittel schlechthin, um zu verhindern, dass der Sattel knarzt: Einfach an den Reibestellen (Leder auf Leder) einpudern!

Die Hufe

Zwei Wochen vor dem Turnier sollte der Hufschmied sich um die Hufe des Pferdes kümmern. Ein neuer Beschlag oder sauberes Ausschneiden bei barfuß gehenden Pferden mit einer eventuellen Stellungskorrektur ist angesagt. Vor dem Turnier können die Haare am Kronsaum rasiert werden, damit die Konturen des Hufes betont werden. Die Hufkapsel selbst wird mit Huföl oder Huflack (bevorzugt in schwarz) behandelt. Beim Appaloosa allerdings wählt man keinen schwarzen Lack, da man die rassetypische Streifung am Huf sonst nicht mehr sehen kann.

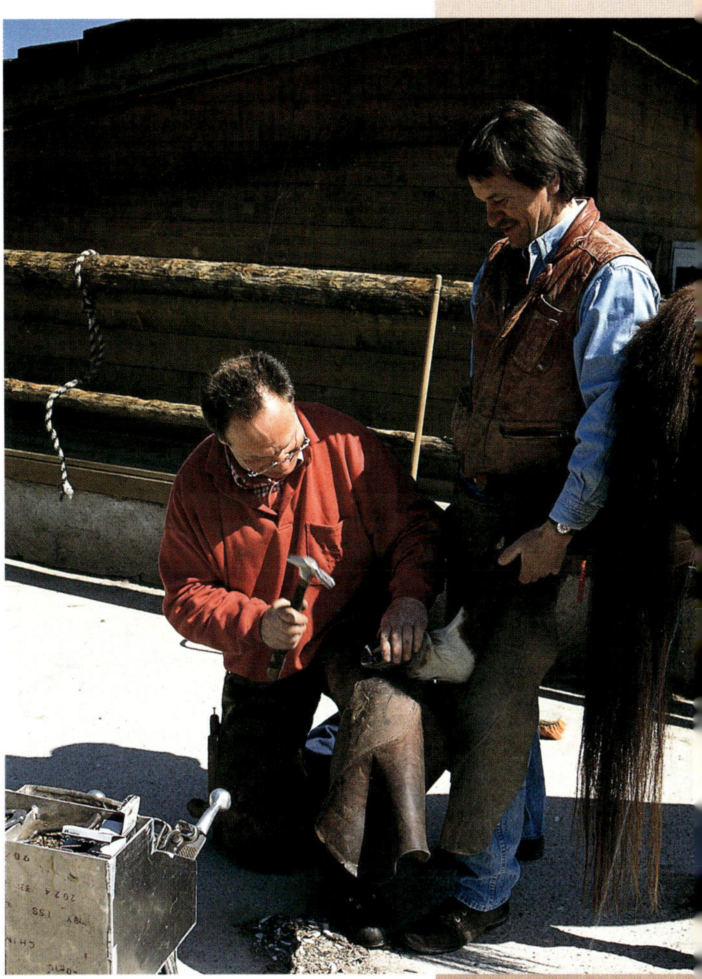

Etwa zwei Wochen vor dem Turnier sollte der Hufschmied sich um die Hufe des Pferdes kümmern.

Mit Respekt und Würde
So lange es nicht tierschutzwidrig oder unwürdig dem Sportkameraden Pferd gegenüber ist, ist es definitiv Geschmackssache, wie man sein Pferd fürs Turnier stylt. Für die Platzierung ist es nicht entscheidend, ob das Pferd mit Glitzerspray behandelt, ihm der Bridle Path geschnitten oder das Maul mit Babyöl eingeschmiert worden ist. Grundlage der Bewertung ist und bleibt die reiterliche Leistung.
Ein sauberes Pferd drückt Respekt dem Richter, aber auch dem Pferd gegenüber aus. Hierzu muss man das Styling aber nicht übertreiben.
Würde- und respektlos wird das Stylen des Pferdes dann, wenn man es übertreibt und das Tier als Modepüppchen lächerlich macht.

Horsemanship und Pleasure sind gute Einsteigerdisziplinen, da die Pferde nicht alleine in die Bahn müssen.

Die Auswahl der Disziplinen

Wer zum ersten Mal auf einem Turnier startet, wird sicherlich nicht gleich auf ein großes überregionales Turnier fahren. Besser ist, man sucht sich ein kleines Trainingsturnier (beispielsweise EWU Kategorie D) aus, auf dem man zunächst einmal in ein oder zwei Disziplinen an den Start gehen und sehen kann, wie das Pferd den Rummel verkraftet und wie man selbst mit den Gegebenheiten auf dem Turnier zurecht kommt.

Für Anfänger eignet sich die Horsemanship und die Western Pleasure, auch wenn das Pferd nicht gerade für eine Pleasure prädestiniert ist. In diesen beiden Disziplinen muss man nicht alleine in die Arena, was vielen Reitern die Nervosität etwas nimmt, und auch das Pferd fühlt sich in der Gruppe zunächst wohler.

Ruhige Disziplinen (Trail, Pleasure) sind eine gute Wahl dahin gehend, weil auch hier die Nervosität besser in den Griff zu bekommen ist. Für den Trail eignen sich übrigens alle Pferderassen, sodass man auch mit einer „Wald-und-Wiesen-Mischung" seine ersten Turnierstarts wagen kann.

Natürlich entscheiden die persönlichen Vorlieben und die Talente des Pferdes mit, welche Disziplinen man reiten möchte. Um eine (insbesondere mentale) Überforderung zu vermeiden, sollte man nicht mehr als zwei Disziplinen am Tag reiten.

Verhalten auf dem Turnier

Früh genug auf dem Turnierplatz anzukommen ist oberstes Gebot für den Turnierreiter. Fahren Sie also früh genug los, damit vermeiden Sie Stress und Hektik. Man sollte sich gleich nach Ankunft orientieren: Wo ist die Meldestelle (Startnummer holen!), wo der Abreiteplatz, wo die Arena? Wenn Sie eine Pferdebox geordert haben, sollten Sie Ihr Pferd bald ausladen. Es sollte sich in der Box von der Fahrt erholen können, bevor Sie für die erste Disziplin satteln.

Fair geht vor!
Seien Sie stets freundlich und fair zum Pferd, zu den anderen Teilnehmern, zum Richter, zum Veranstalter und zu den Zuschauern!

Der Abreiteplatz ist kein Trainingsareal, sondern zum Warmreiten der Pferde gedacht.

Abreiteplatz und Siegerehrung

Der Abreiteplatz ist dafür da, um die Pferde auf die jeweilige Prüfung vorzubereiten. Unter einer Vorbereitung versteht man, das Pferd körperlich aufzuwärmen und es mental auf seine nachfolgenden Aufgaben einzustellen. Der Abreiteplatz ist kein Trainingsareal, auf dem das Pferd Lektionen lernen kann oder soll. Wenn Sie Ihre Hausaufgaben nicht gemacht haben, wird Ihr Pferd die Lektionen auch auf dem Abreiteplatz nicht mehr lernen oder verbessern.

Wenn man sein Pferd stundenlang müde galoppiert oder hart herannimmt, steigert man den sowieso vorhandenen Stress und das Pferd wird in der Prüfung keine Höchstleistungen mehr bringen. Über kurz oder lang wird es turniersauer werden.

Auf jedem Turnier ist eine Abreiteplatzaufsicht zugegen, deren Anweisungen alle Teilnehmer Folge leisten müssen. Benimmt sich ein Teilnehmer anderen Teilnehmern oder seinem Pferd gegenüber ungebührlich, kann er verwarnt und im schlimmsten Fall sogar vom Turnier ausgeschlossen werden, wenn er erheblich gegen das Regelbuch oder gegen das Tierschutzgesetz verstößt.

Auf dem Abreiteplatz dürfen zu den in den Prüfungen erlaubten Ausrüstungsgegenständen zusätzlich ein Ringmartingal und ein mindestens einen Zentimeter breites Sperrhalfter benutzt werden.

Die Teilnehmer sind selbst dafür verantwortlich, dass sie sich rechtzeitig am Start einfinden. Wenn ein Reiter zu spät kommt, darf er nicht mehr starten (auch nicht zum Schluss), denn die Start

Zur Siegerehrung sollte man nach Aufruf durch den Sprecher mit dem Pferd einreiten und sich im Line up aufstellen.

reihenfolge muss strikt eingehalten werden. Darum ist es wichtig, sich rechtzeitig über die Startzeit zu informieren.

Nach der Prüfung sollte man sein Pferd auf dem Abreiteplatz abkühlen lassen und etwa 15 Minuten im Schritt reiten. Diese Phase ist für die körperliche und mentale Entspannung wichtig.

Halten Sie sich und Ihr Pferd für die nachfolgende Siegerehrung bereit, zu der die Platzierten über den Sprecher in die Bahn gebeten werden. Man erweist insbesondere den Zuschauern und dem Veranstalter den nötigen Respekt, wenn man seine wohl verdiente Schleife mit seinem Pferd zusammen abholt.

Wichtiges für die Prüfung

Um einen zügigen Ablauf der Prüfungen zu gewährleisten, schickt der Doorman (nach Anweisung des Richters) die Reiter möglicherweise schon in die Bahn, wenn der vorige Reiter noch am letzten Hindernis (Trail) oder bei der Gebisskontrolle (Reining) ist. Reiten Sie zum Startpunkt, aber warten Sie in jedem Fall, bis der vorherige Reiter die Bahn verlassen hat und das Tor geschlossen worden ist. Nehmen Sie Blickkontakt mit dem Richter auf und grüßen Sie mit einem Nicken. Erst wenn der Richter Ihren Gruß erwidert hat und Ihnen seine Aufmerksamkeit schenkt, beginnen Sie, Ihre Prüfung zu reiten. Beginnt der Reiter jedoch schon vorher, ohne dass er sich vergewissert hat, dass der Richter sich auf ihn konzentriert, kann der Richter ihn nicht bewerten. Verzögerungen können entstehen, wenn der Richter seinem Ringsteward noch Punkte des vorherigen Rittes diktiert, die Scores nachrechnet oder Abstände nachgemessen werden müssen.

Manche Richter sehen den Reiter bewusst nicht an, um ihn nicht zu einem vorzeitigen Start zu verleiten, so lange der Parcoursdienst noch bei der Arbeit ist. Richten Sie Ihre Aufmerksamkeit vor dem Start jedoch nicht auf den Richter, sondern beschäftigen Sie sich mit den Zuschauern oder unterhalten Sie sich sogar noch mit außenstehenden Personen, verärgern Sie den Richter, der Ihnen möglicherweise schon eine Weile winkt, um Sie endlich zum Starten zu bewegen. Zudem verzögert sich der gesamte Turnierablauf.

Sollte sich jedoch Ihr Pferd allzu sehr aufregen, lassen Sie sich beim Start ruhig etwas Zeit, damit Sie Ihr Pferd beruhigen, der Richter versteht Ihre Situation. Vermeiden Sie aber unnötige Verzögerungen im Interesse aller Turnierbeteiligten.

Nach Ihrem Ritt zeigen Sie das Ende der Prüfung wiederum mit einem Nicken an und verlassen die Arena zügig, aber ohne Hektik.

Den Anweisungen des Ringstewards (Weiterreiten beim Trail, wenn das Pferd ein Hindernis mehrmals verweigert hat, oder Aufstellen in der Horsemanship-Prüfung) sollte man immer zügig folgen, um zu einem reibungslosen Ablauf des Turniers beizutragen.

Der Richter kann in allen Disziplinen eine Gebisskontrolle anordnen.

Jederzeit möglich: Gebisskontrolle!

In jeder Disziplin ist es dem Richter möglich, eine Gebisskontrolle durchzuführen. Steigen Sie hierzu stets vom Pferd ab und nehmen dem Pferd das Gebiss aus dem Maul, damit der Richter es begutachten kann.

Lesen der Score-Sheets

Bei Prüfungen, in denen gescort wird, werden die Bewertungen nach Abschluss der Disziplin ausgehängt. Es sind die Disziplinen Reining, Western Riding,

Alle Richter bemühen sich stets um eine faire Bewertung.

Trail, Super Horse und die Jungpferdeprüfungen. In allen anderen Disziplinen wie Western Pleasure, Horsemanship oder Showmanship gibt es keine offiziellen Scorelisten.

Wenn der Richter Ihnen null Punkte geben oder Sie disqualifizieren musste, wird er meistens den Grund hierfür auf der Score-Sheet vermerken. In der Reining, im Trail, in der Super Horse und im Western Riding erhalten Sie Penaltys und eine Score (Englisch *score*: Punktestand) bei jedem Manöver. Die Penaltys sind festgelegte Fehlerpunkte für falschen Galopp, Gangartunterbrechung, Pylonenfehler, Stangenberührung und so weiter. Die Score im Bereich von minus 1,5 bis plus 1,5 ist die Bewertung für die Qualität eines Manövers.

Wenn Sie Fragen haben

Somit können Sie anhand der Bewertung Ihren Ritt nochmals analysieren und sehen, wo Sie Punkte verloren haben und welche Manöver dem Richter gefallen haben. Wenn Sie Fragen haben, können Sie sich während der Pausen zwischen den Disziplinen an den Ringsteward wenden, der sicherlich bereit ist, Ihnen die entsprechende Auskunft zu geben. Der Ringsteward beantwortet Ihnen auch gerne Fragen bezüglich der zugelassenen Zäumungen oder anderweitiger Ausrüstung.

Es wird immer Reiter geben, die sich ungerecht bewertet fühlen – und manchmal passiert es auch, dass der Richter den einen oder anderen Fehler übersieht. Da Richter auch nur Menschen sind, können Irrtümer nie ausgeschlossen werden. Seien Sie dennoch versichert, dass sich alle Richter um eine faire Bewertung bemühen, auch wenn sie von morgens bis abends durchgehend und oftmals ohne hinreichende Pause bei jeder Witterung auf dem Platz stehen und sich konzentrieren müssen.

Ein langjähriger Richter sagte einmal: „Die Reiter sind in einer Prüfung nur wenige Minuten in der Arena und machen einen Fehler nach dem anderen. Der Richter hingegen steht den ganzen Tag auf dem Platz und ihm wird häufig nicht mal ein Fehler zugestanden." Darüber sollte sich jeder Reiter einmal Gedanken machen.

Die Western Pleasure

3

In der Western Pleasure reiten alle Teilnehmer in die Bahn.

In dieser Disziplin werden die Pferde nach Gangqualität, Gebäude und Manier bewertet. Die Pferde sollen am losen Zügel in angemessenem Tempo vorgestellt werden. Verlangt werden die Grundgangarten Walk, Jog und Lope sowie Rückwärtsrichten. Der verstärkte Trab (*extended trot*) – auf mindestens einer Hand – ist in vielen Klassen mittlerweile Pflichtbestandteil der Western Pleasure. Der Richter kann außerdem eine Galoppverstärkung (*extended lope*) verlangen. Das Pferd soll bei Gangartverstärkungen nicht den jeweiligen Takt beschleunigen, sondern die Tritte verlängern. Dies ist eine Frage der Rittigkeit und des Vermögens des jeweiligen Pferdes.

In der Western Pleasure reiten alle Teilnehmer in die Bahn (bei sehr vielen Teilnehmern wird der Richter die Gruppe in zwei oder mehrere Abteilungen trennen). Für den einzelnen Reiter ist es wichtig, in der Arena eine gute Position einzunehmen, sodass er zum einen vom Richter gesehen wird, zum anderen die weiteren Teilnehmer nicht stört.

Das ideale Western Pleasure-Pferd

Ein gutes Western Pleasure-Pferd zeigt gleichmäßige, taktreine und ruhige Gänge. Es soll flach aus der Schulter heraus nach vorne ausgreifen und mit der Hinterhand aktiv untertreten. Außerdem soll es den Reiter weich sitzen lassen und ohne Zügeleinwirkung ein gleichmäßiges Tempo durchhalten. Man wünscht sich eine flache Halshaltung, wobei der Kopf weder zu hoch noch zu tief getragen werden sollte. In der Regel fällt das Pferd auf die Vorhand, wenn es den Kopf zu tief trägt, wodurch sein Bewegungspotenzial letztendlich leidet. Nimmt das Pferd den Kopf allerdings zu hoch, drückt es den Rücken weg und lässt den Reiter nicht mehr sitzen. Die Voraussetzungen für all diese Anforderungen werden unter anderem schon durch das Exterieur vorgegeben.

Doch auch das Interieur muss den Ansprüchen dieser Klasse gerecht werden. Ein nervöses Pferd, dem beim Turniertrubel die Nerven durchgehen und das zu tänzeln beginnt, verliert den Gang und die Taktreinheit. Es kann keine entspannten, gleichmäßigen Gänge mehr zeigen.

Das Western Pleasure-Pferd darf sich auch nicht von anderen Pferden anstecken lassen, schneller zu werden, selbst wenn es überholt wird. Ein gutes Maß an Coolness und Souveränität sind darum ebenso Voraussetzungen für ein gutes Western Pleasure-Pferd.

Die Bewertungskriterien

In der Western Pleasure wird nicht der Reiter, sondern das Pferd beurteilt. Dennoch kann ein Pferd seine Qualitäten nur zeigen, wenn der Reiter in der Lage ist, sie zu demonstrieren. Hat der Reiter einen schlechten Sitz, der den Rücken des Pferdes zu stark belastet, blockiert er das Tier in seinen Bewegungen. Dadurch leidet die Gangqualität zwangsläufig. Unruhige Hände oder klammernde Schenkel behindern die Bewegungen des Pferdes. Der Reiter kann die Qualitäten seines Pferdes nur richtig zur Geltung bringen, wenn er es versteht, gut zu sitzen und weich einzuwirken.

Wanted: Der beste Beweger!

Der Richter sucht unter den teilnehmenden Pferden den besten Beweger. Was bedeutet das? Das erste Bewertungskriterium ist die Taktreinheit. Dies bedeutet einen gleichmäßigen, rhythmischen und fehlerfreien Bewegungsablauf einer Gangart. Fehlerfrei ist eine Gangart nur dann, wenn es sich bei einem Schritt um einen reinen Viertakt, beim Trab um einen Zweitakt mit Schwebephase und beim Galopp um einen Dreitakt – ebenfalls mit Schwebephase – handelt. Des Öfteren sieht man in der Western Pleasure Pferde, die im Viertakt galoppieren. Die Gangart wirkt dann nicht flüssig, sondern stockend. Wenn das gleichzeitig auffußende diagonale Beinpaar fehlt, ist die Gangart Galopp eindeutig fehlerhaft. Ein Pferd, das dauerhaft taktunrein läuft, kann nicht vor einem Pferd, das fehlerfreie Gangarten zeigt, platziert werden. Fehlt bei den Gangarten Jog und Lope die dazugehörige Schwebephase, sind auch diese Gangarten fehlerhaft.

Positiv bewertet wird außerdem, wenn das Pferd am losen Zügel vorgestellt wird. Die Gangqualität leidet unter anderem auch dann, wenn das Pferd ständig mit den Zügeln gebremst wird. Trägt sich das Pleasure-Pferd nicht selbst, drückt den Rücken weg, wirft den Kopf hoch, fällt auseinander und rennt dem Reiter quasi unter dem Sattel weg, wird es ebenfalls nicht zu den besten Pferden zählen, da auch in diesem Fall die Gangqualität nicht zufrieden stellend sein kann.

Gute Pleasure-Pferde haben flache Gänge, die den Reiter gut sitzen lassen. Wird der Reiter zu sehr im Sattel geworfen, ist dies ein Minuspunkt für das Pferd. Dies geschieht auch dann, wenn

Der Richter sucht in der Western Pleasure unter den teilnehmenden Pferden den besten Beweger.

Positiv bewertet wird in der Pleasure eine Vorstellung am losen Zügel.

Trägt das Pferd den Kopf zu tief, fällt das Pferd in der Regel auf die Vorhand.

das Pferd auf die Vorhand fällt. Dabei muss sich das Reittier mit den Vorderbeinen stärker vom Boden abdrücken, wodurch die Vorhand eine deutlichere Knieaktion bekommt und der Kopf zu wippen beginnt. Diesem Fehler kann der Reiter nur durch Vorwärtstreiben begegnen. Somit ist nicht automatisch das langsamste Pferd auch das beste. Jedes Pferd sollte in der Geschwindigkeit vorgestellt werden, in der es die besten Bewegungen zeigt. Dazu gehört insbesondere auch eine gut unter den Körper tretende Hinterhand. Das Sprunggelenk sollte die lotrechte Achse vom Sitzbeinhöcker abwärts nach hinten nicht überschreiten. Der Hinterhuf hingegen sollte vor der senkrechten Linie vom Knie abwärts auftreten. Nur dadurch kann sich das Pferd tragen und die Vorhand entlasten. Pferde, die das Gewicht auf die Hinterhand verlagern und über den Rücken gehen, pendeln sich letztlich in ihrem für sie optimalen Grundtempo ein.

Zu tiefe Kopfhaltung?

Wenn das Pferd den Kopf zu tief trägt (die Ohrenspitzen sollten nicht unter der Linie des Widerrists getragen werden), fällt es für gewöhnlich auf die Vorhand. Dennoch gibt es Pferde, die trotz eines in aller Regel zu tiefen Kopfes gute Beweger sind und sogar besser als alle anderen mit höherer Kopfhaltung. Da die Gangqualität des Pferdes an erster Stelle der Bewertung steht, kann ein Pferd mit (zu) tiefer Kopfhaltung dennoch gewinnen, wenn es trotzdem der beste Beweger ist und die qualitätvollsten Gänge zeigt. Dieser Fall ist allerdings nicht die Regel, sondern eher die Ausnahme.

So mancher unerfahrene Reiter versucht, sein Pferd über die Zügeleinwirkung zusammenzustellen und die Gänge zu verkürzen. Dabei erreicht man eine relative Aufrichtung des Pferdes, die jedoch nicht erwünscht ist. Ein Pferd, das im Maul in Ruhe gelassen wird und zwar flacher, aber etwas flotter geht, ist den meisten Richtern lieber als ein mit den Zügeln gebremstes und zusammengezogenes Pferd, dessen Bewegungspotenzial dadurch deutlich eingeschränkt ist. Trotzdem ist es kein Problem, wenn der Reiter zwischendurch mal die Zügel annimmt, um das Pferd versammelt zu

Das Pleasure-Pferd soll flache, aber raumgreifende und dennoch weich zu sitzende Gänge zeigen.

halten; vor allem ist dies dann nötig, wenn das Pleasure-Pferd am losen Zügel auseinander fällt und sich nicht mehr selbstständig trägt.

Wie sich Fehler auswirken können

Kaum eine Chance auf eine Platzierung wird auch dasjenige Pferd haben, das ständig einen falschen Galopp zeigt. Wenn auf der linken Hand geritten wird, muss das Pferd auch einen Linksgalopp zeigen. Sollte Ihr Pferd in der Prüfung einmal falsch angaloppieren, nehmen Sie es sofort ruhig zurück und korrigieren den Galopp. Dieser Fehler ist nicht so schlimm wie ein falscher Galopp, den Sie nicht bemerken oder gegen den Sie nichts unternehmen. Wenn Ihr Pferd keinen Linksgalopp zeigt, kann der Richter ihn auch nicht bewerten. So werden Sie sich am Ende weit hinten in der Rangfolge wiederfinden, auch wenn Sie ein gutes Pferd haben.

Wenn Ihr Pferd der beste Beweger in der Gruppe aller Teilnehmer ist, Ihr vierbeiniger Partner aber falsch angaloppiert ist und Sie den Galopp sofort korrigieren, können Sie hingegen immer noch gewinnen. Sollte ein gleichwertiges Pferd in der Arena sein, werden Sie allerdings diesem aufgrund Ihres Fehlers in der Regel den Vortritt lassen müssen.

Natürlich kann es auch passieren, dass der Richter den einen oder anderen Fehler einfach übersieht. Möglicherweise sieht er auch absichtlich über einen Fehler hinweg, damit letztendlich das tatsächlich beste Pferd (also der beste Performer) gewinnen kann, auch wenn dieses den einen oder anderen kleinen Fehler gemacht hat. Es kommt auch auf die Sichtweise des Richters an und darauf, welcher Fehler für ihn schwerer wiegt. Manche Richter legen mehr Wert auf einen guten Galopp, andere wiederum bevorzugen Pferde mit den besten Eigenschaften beim Jog. Dem einen Richter ist der Schritt vollkommen gleichgültig, ein anderer möchte auch hier eine gute Qualität sehen und bewertet ihn entsprechend.

Die Prüfung

Denken Sie daran, dass die Prüfung für Sie begonnen hat, sobald Sie die Bahn betreten. Auch wenn noch nicht alle Reiter in der Arena sind, hat der Richter Sie bereits im Auge und registriert Ihre positiven wie negativen Eigenschaften. In der Regel reiten die Teilnehmer nach Aufruf ihrer Startnummer im Schritt in die Arena ein. Manchmal kann auch ein Eintraben gefordert werden, um den Prüfungsablauf zu beschleunigen.

Auf Anweisung des Ansagers stellen Sie Ihr Pferd nun in den Grundgangarten Walk, Jog und Lope vor. Wenn das Kommando zum Wenden ertönt, reiten Sie am besten eine Kehrtvolte. Unterbrechen Sie dabei nicht die Gangart, das Reverse (Handwechsel) kann auch im Jog gefordert werden, wobei sich dann eine Hinterhandwendung sowieso nicht anbietet. Achten Sie darauf, dass Sie den Rhythmus beibehalten und Ihr Pferd bei der Kehrtvolte nicht über die Schulter schiebt. Sie können auch eine Hinterhandwendung reiten, wenn Ihr Pferd diese besser kann oder es aus taktischen Gründen sinnvoller erscheint. Bevor Sie jedoch die Hinterhandwendung beginnen, darf das Pferd nicht zum Halt durchpariert werden, die Wendung muss aus dem Walk heraus geritten werden. Das Reverse erfolgt selbstverständlich immer zur Bahnmitte hin.

Es sollte möglichst immer auf dem Hufschlag geritten werden. Natürlich darf in der Western Pleasure überholt werden, dies aber nur auf der Innenseite. Hierzu reitet man frühzeitig auf den zweiten Hufschlag und passiert den Mitstreiter ohne ihn zu behindern.

Vermeiden Sie unbedingt Volten und reiten Sie auch möglichst nicht durch die Mitte der Arena, um Platz zu gewinnen. Dieses Verhalten ist unprofessionell und wird von den Richtern nicht gerne gesehen.

Der Richter kann auch die Anweisung zum Anhalten und Rückwärtsrichten auf dem Hufschlag geben. Beim Extended Jog (Trabverstärkung) soll das Pferd nicht seine Tritte beschleunigen, sondern diese verlängern. Mit dieser Forderung kann der Richter sehr gut die Spreu vom Weizen trennen, wenn viele gute Pferde am Start sind.

Wenn die Aufforderung zum Line up kommt, reiten Sie auf direktem Weg in die Mitte der Arena und stellen sich in Blickrichtung zum Richter auf. Jetzt prüft der Richter noch das Rückwärtsrichten, wozu er von einem Reiter zum nächsten geht. Bereiten Sie Ihr Pferd frühzeitig darauf vor, sodass es gleich zügig rückwärts geht, sobald der Richter bei Ihnen angekommen ist. Stellen Sie das Rückwärtsrichten nicht sofort ein, sondern reiten Sie noch einen oder zwei Schritte rückwärts, wenn der Richter zum nächsten Reiter weitergeht. Anschließend reiten Sie wieder zum Line up zurück.

Die Prüfung ist immer noch nicht beendet, denn alles was der Richter sieht, während er in der Bahn ist, kann in seine Bewertung mit einfließen. Außerdem kann er eine Gebisskontrolle verlangen. Wenn dies der Fall ist, steigen Sie vom Pferd ab und nehmen die Zäumung Ihres Pferdes ab.

Reittechnik und -taktik

Das beste Pferd kann eine Western Pleasure nicht gewinnen, wenn es von seinem Reiter schlecht vorgestellt wird. Um einen positiven Eindruck beim Richter zu hinterlassen, sind viele Punkte zu beachten. So ist es auch möglich, selbst mit einem mittelmäßigen Pferd in die vorderen Ränge zu reiten.

Achten Sie schon beim Einreiten in die Arena darauf, dass Sie genügend Abstand zum Vordermann haben. In der Bahn sollte man immer versuchen, einen freien Platz zu finden, vermeiden Sie möglichst einen Verkehrsstau. Zum einen behindert man sein eigenes Pferd ebenso wie die anderen Reiter, zum anderen wird man vom Richter nicht gesehen. Ist der Vordermann langsamer, sollte man frühzeitig zum Überholen auf der Innenseite ansetzen. Wenn der vordere Reiter mitdenkt, wird er tief in die Ecke reiten, während der nachkommende Reiter die Ecke deutlich abkürzt. Auf diese Weise lässt sich ein Überholmanöver schnell und sauber durchziehen. Muss man an der langen Seite überholen, ist es erforderlich, frühzeitig auf den zweiten Hufschlag zu wechseln, um den vorderen Reiter nicht zu behindern. Nach dem Überholmanöver – bei genügend seitlichem Abstand – darf man erst wieder auf den ersten Hufschlag wechseln, wenn mindestens eine Pferdelänge Abstand zum Überholten ist. Ansonsten behindert man den Ritt des anderen Teilnehmers massiv.

Das Überholen, aber auch das Überholtwerden sollte schon zu Hause geübt

In der Western Pleasure sollte man möglichst auf dem Hufschlag reiten.

Durch genügend Abstand zum Vordermann behindern sich die Reiter nicht gegenseitig und können vom Richter jederzeit gut gesehen werden.

Nebeneinander zu reiten sollte man vermeiden. Man kann die Ecken ausnutzen, um Abstand zu gewinnen.

werden, da viele Pferde anfangs sehr an der Bande oder an anderen Pferden kleben. Unwillkürlich reitet man zu dicht auf, oder das Pferd drängelt gegen die Bande oder gegen das andere Pferd. Unerfahrene Pferde, die überholt werden, legen häufig plötzlich im Tempo zu und geraten aus dem Takt.

Reiten Sie vorausschauend und planen Sie Ihren Reitweg frühzeitig. Wenn Sie zu dicht an den Vordermann herankommen, können Sie ein Überholmanöver vermeiden, wenn Sie die Ecken tief ausreiten. Nutzen Sie die Ecken auch, um Ihr Pferd herunterzubremsen, ohne dass Sie mit dem Zügel eingreifen müssen.

Vermeiden Sie längeres Nebeneinanderreiten, da der Reiter an der Außenseite verdeckt ist und vom Richter nicht gesehen werden kann.

Wenn ein Gangartenwechsel angesagt ist, haben die Reiter genügend Zeit, sich darauf vorzubereiten. Wenn man vom

Schritt in den Trab wechseln soll und man sehr dicht zum Vordermann aufgeschlossen hat, sollte man warten, bis der vordere Reiter angetrabt und einige Schritte gejoggt ist, bevor man selbst die Gangart wechselt. Damit gewinnt man wieder Platz. Ist ein anderer Reiter jedoch sehr nah aufgeritten, wechselt man möglichst frühzeitig die Gangart, um den Hintermann nicht zum Überholen zu zwingen.

Dieselbe Regel gilt auch für das Wechseln in eine niedrigere Gangart. Ist das Teilnehmerfeld im Galopp und soll zum Schritt durchparieren, vergewissern Sie sich zunächst, dass dicht hinter Ihnen kein Reiter ist, den Sie beim Abbremsen behindern würden. Warten Sie, bis der Hintermann sein Pferd durchpariert hat. Sollte aber kurz vor Ihnen ein Reiter galoppieren, wechseln Sie möglichst frühzeitig die Gangart, damit Sie den Vordermann nicht nötigen weiterzugaloppieren.

Das Reverse lässt viel Spielraum, um sich Platz zu verschaffen. Reitet man dicht hinter einem anderen Teilnehmer, wendet man gleich nach der Ansage in einer kleinen Volte oder Hinterhandwendung. Ist hinter Ihnen ein Reiter, können Sie durchaus noch einige Meter weiterreiten, bevor Sie wenden. Dann reitet man eine größere Kehrtvolte. Auf diese Weise kann man mehrere Pferdelängen zwischen sich und das andere Pferd bringen.

Manche Richter prüfen das Rückwärtsgehen schon am Hufschlag. Zuvor fordert der Ansager zum Anhalten auf. Vor dem Halt und dem Rückwärtsrichten ist wiederum darauf zu achten, dass man freie Bahn hat. Ansonsten muss man mit dem Manöver einige Sekunden warten, bis der Hintermann das Feld geräumt hat. Das Rückwärtsrichten ist so lange auszuführen, bis über den Ansager eine erneute Anweisung erfolgt.

Flüssiges Reverse

Meist ist es vorteilhafter, beim Reverse eine kleine Kehrtvolte zu reiten anstatt einer Hinterhandwendung, da eine Volte in der Regel einfacher zu reiten ist und der Bewegungsfluss besser erhalten werden kann. Entscheidet man sich dennoch für eine Hinterhandwendung, muss diese aus der Bewegung heraus geritten werden. Das Pferd darf dabei zuvor nicht gestoppt werden.

Wenn der Reiter ein Kommando – insbesondere aus einem bestimmten Grund – verzögert ausführt, ist das für den Richter kein Problem. Wartet man aber zu lange und gibt es auch keinen Anlass, der Aufforderung mit Verspätung nachzukommen, verärgert man den Richter.

Achten Sie beim Line up auf genügend Abstand zum Nachbarpferd, das Sie im Vorfeld schon ausgewählt haben. Reiter von kleinen Pferden sollten sich nicht unbedingt neben dem größten Pferd im Teilnehmerfeld aufstellen, weil das eigene Pferd dann noch kleiner wirkt. Man sollte auch Pferde als Nachbarn meiden, die unruhig oder unverträglich sind. Schon auf dem Abreiteplatz fallen solche Pferde meistens bereits auf, sodass man sich diese vormerken kann.

4 Die Western Horsemanship

Die Einzelaufgabe in der Western Horsemanship dauert nicht länger als etwa 30 Sekunden.

Die Western Horsemanship ist eine hoch brisante Prüfung, die Reiter und Pferd sehr viel mehr abfordert, als man zunächst denkt. Die Prüfung ist sehr kurz und es werden relativ wenig Manöver verlangt, sodass es den Anschein hat, diese Aufgabe sei leicht zu reiten. Gerade dieser Umstand ist es jedoch, der die Prüfung extrem anspruchsvoll macht. In nur etwa 30 Sekunden, in der die Einzelaufgabe vonstatten geht, wiegt schon ein kleiner Fehler deutlich mehr als in einer Disziplin, die über mehrere Minuten läuft, da man hier immer Möglichkeiten hat, den einen oder anderen Fehler wieder auszubügeln. In der Horsemanship-Prüfung hingegen ist es kaum möglich, Fehler wieder gut zu machen. Darum ist absolute Präzision, Konzentration und ein enormes Maß an Einfühlungsvermögen vonnöten, um eine gute Horsemanship-Aufgabe reiten zu können.

Die Prüfungsaufgabe

Die Horsemanship-Prüfung besteht aus zwei Teilen: der Einzelaufgabe, die mit 80 Prozent in die Bewertung einfließt, und der Railwork, bei der das Pferd in der Gruppe – äquivalenter Ablauf wie in der Western Pleasure – in allen drei Grundgangarten vorgestellt wird. Die Railwork wird mit 20 Prozent gewertet. Bei der Arbeit auf dem Hufschlag kann der Richter auch entscheiden, nur noch die Reiter in die Bahn zu rufen, die für eine Platzierung in Frage kommen.

Die Größe eines Zirkels kann man selbst bestimmen, solange man ihn innerhalb der vorgeschriebenen Markierungen ausführt.

Die Einzelaufgabe

Bei der Einzelaufgabe wird dem Reiter eine sehr kurze Reitaufgabe gestellt, bei der die Manöver recht schnell aufeinander folgen. Die kurzen Reitwege bedingen ein besonders ruhiges Grundtempo sowie ein außerordentlich rittiges Pferd. Steht das Pferd nicht gut an den Hilfen, sind Fehler unvermeidlich. Die Reitabschnitte der Pattern sind mit Pylonen markiert, die die Ausführung exakt abgrenzen. Spätestens eine Stunde vor Turnierbeginn wird die Pattern durch Aushang offiziell bekannt gegeben. In der Grafik sind der Reitweg, die Pylonen und die vorgeschriebenen Gangarten eingezeichnet. Das Reiten auf der falschen Seite der Pylonen (wenn beispielsweise links anstatt wie eingezeichnet rechts vom Marker begonnen wird) führt zu einer 0-Score in der Einzelaufgabe. Deshalb sollten Sie sich zunächst einprägen, auf welcher Seite der Pylonen die Aufgabe begonnen werden muss. Auch wenn Zirkel oder Volten gefordert sind, muss man darauf achten, ob man vor einem Marker abwenden oder diesen umreiten muss.

Die Gangarten und Manöver sind genauestens einzuhalten, dennoch lassen die meisten Aufgaben eine taktisch kluge Patternaufteilung zu. Wenn man sich innerhalb der vorgeschriebenen Markierungen bewegt, kann man beispielsweise die Größe eines Zirkels selbst bestimmen. Auch der Abstand von den Pylonen ist frei wählbar, so lange man auf der richtigen Seite reitet. Es hat taktische Gründe, wenn man sich für einen bestimmten Abstand entscheidet.

Bevor die Reiter in die Einzelaufgabe gehen, reiten alle Teilnehmer in die Arena ein und werden vom Ringsteward angewiesen, wie sie sich aufzustellen haben. Meist wird ein Line up an der kurzen Seite der Arena gebildet.

Die Pattern kann vorschreiben, ob und vor allem auf welcher Seite die Reiter nach der Einzelaufgabe zum Line-up zurückreiten müssen oder ob sie sich am gegenüberliegenden Ende aufzustellen haben. Aus Gründen der Fairness lässt der Richter die Teilnehmer meist zum Line-up zurückreiten, damit der letzte Reiter nicht alleine warten muss und dessen Pferd zu seinen Artgenossen drängt.

Wenn alle Teilnehmer die Einzelaufgabe beendet haben, wird in der Regel – ohne die Arena zu verlassen – sofort zur Railwork übergegangen. Nur wenn sehr viele Starter die Prüfung absolvieren und somit nicht alle Reiter gemeinsam in die Arena eingeritten sind oder der Richter nur die für die Platzierung in Frage kommenden Reiter in der Railwork haben will, werden die Teilnehmer der Railwork über den Ansager aufgerufen. Die restlichen Reiter verlassen dann die Arena.

In der Railwork werden Sitz und Hilfengebung des Reiters beurteilt.

Die Railwork

Für die Arbeit auf dem Hufschlag gelten dieselben Verhaltensregeln wie für die Pleasure. Der Ablauf ist derselbe, die Prüfung kann aber sehr kurz ausfallen, wenn die Platzierung bereits eindeutig ist und es auch aufgrund der Railwork vermutlich keine Platzverschiebungen mehr geben wird.

Die Railwork der Western Horsemanship unterscheidet sich zwar nicht vom Ablauf her von der Western Pleasure, dennoch gibt es einen gravierenden Unterschied: In der Horsemanship werden nicht das Pferd, sondern der Sitz und die Hilfengebung des Reiters beurteilt. Dennoch sollte Ihnen klar sein, dass ein schlechtes Pferd den Reiter auch nicht gut sitzen lässt. Wenn das Pferd nicht an den Hilfen steht, sind deutlichere und stärkere Einwirkungen notwendig, um die Kontrolle über das Tier zu behalten. Damit wird klar, dass der beste Reiter auf einem schlechten Pferd Schwierigkeiten haben wird, in der Horsemanship-Prüfung zu bestehen. Jedoch kann einem das beste Pferd nicht über reiterliches Unvermögen hinweghelfen.

Ein Lächeln trägt zur positiven Einstellung bei.

Das will der Richter sehen

Der Richter wird immer vom Gesamtbild eines Reiter-Pferd-Paares beeindruckt. Auch wenn die Horsemanship eine Prüfung ist, in der lediglich der Reiter beurteilt werden soll, kann das Pferd nicht vollkommen außer Acht gelassen werden. Harte und taktunreine Gänge lassen den Reiter schlecht sitzen und verursachen ein unruhiges Bild. Der Richter wird sich ein „Minus" auf seinem Zettel (oder im Hinterkopf) notieren. Ist die Vorstellung ansonsten genauso gut wie die eines Reiters mit einem Pferd, das sehr weiche und harmonische Gänge aufweist, wird letzteres Paar wohl einen besseren Platz erreichen.

In der Horsemanship gibt es keine offiziellen Scorelisten, sodass häufig auch der persönliche Eindruck entscheidend ist. Somit kann der Reiter viel zu einem positiven Erscheinungsbild beitragen. Dies beginnt schon bei einem wohl durchdachten Outfit bis hin zu einem freundlichen Lächeln, das bevorzugt nicht gekünstelt aufgesetzt, sondern ehrlich gemeint sein sollte. Ein Lächeln trägt zur positiven Einstellung – sowohl des Richters als auch des Reiters – bei.

Ein Lächeln sagt mehr als tausend Worte

Nutzen Sie Ihre Körpersprache und Mimik für eine positive Kommunikation mit dem Richter. Erweisen Sie ihm Ihren Respekt und sagen Sie ihm durch ein Lächeln, dass Sie Freude daran haben, Ihr Pferd vorzustellen. Jeder Richter wird Ihnen somit wohl gesonnen sein.

Ein Wort zum Outfit

Ein geschmackvoll zusammengestelltes und zeitgemäßes Outfit von Reiter und Pferd ist in der Horsemanship-Prüfung obligatorisch. Hier darf man seinen Stil ruhig etwas überbetonen und üppigen Silberbeschlag für Sattel und Zaumzeug verwenden. Reiter und Pferd sollten nicht nur ordentlich auftreten, sondern durchaus fein herausgeputzt sein. Schick ist eine eingeflochtene Mähne beim Pferd und selbst ein dezentes Make up kann den Stil positiv herausstellen.

Zu viel Glitzer am Show-Outfit kann das Gesamtbild aber auch zu unruhig erscheinen lassen. Also übertreiben Sie nicht maßlos! Man sollte lieber auf eine gute Passform der Ausrüstung und Kleidung achten, damit man sich trotz des Showeffekts noch wohl fühlt und eine gute reiterliche Leistung zeigen kann. Versuchen Sie zu betonen, jedoch nicht zu übertreiben.

Der Sitz des Reiters

Sitz und Hilfengebung sind neben der exakten der Ausführung der Aufgabe entscheidende Faktoren für die Bewertung in der Horsemanship. Um sich einen guten Sitz anzueignen, sollten Sie sich nicht scheuen, immer wieder einmal eine Sitzschulung an der Longe durchzuführen. Ein guter Horsemanship-Reiter hat ein flexibles Becken, um die Gangarten des Pferdes geschmeidig aussitzen zu können. Die Flexibilität der Hüfte garantiert unter anderem, dass Oberkörper, Arme und Beine ruhig gehalten werden können.

Der optimale Grundsitz lässt von den Ohren des Reiters ausgehend eine lotrechte Linie über die Schultern und die Hüfte bis zu den Fersen erkennen. Die Oberarme liegen senkrecht am Körper ohne zu klammern, die Unterarme zeigen in der Verlängerung zum Pferdemaul. Wird beidhändig auf Snafflebit oder Hackamore geritten, halten die Hände den Zügel in aufrecht stehender, leicht geschlossener Faust. Bei der einhändigen Zügelführung (Bit) greift der Reiter von oben in die Zügel, sodass der Handrücken nach oben zeigt. Es darf höchstens ein Finger (Zeigefinger) zwischen den Zügeln liegen.

Ein guter Sitz ist in der Horsemanship schon die halbe Miete.

So vermeidet man einen schiefen Sitz
Die einhändige Zügelführung kann den Reiter dazu verleiten, die Schulter der zügelführenden Hand vorzuschieben. Damit verdreht sich der gesamte Oberkörper – der Reiter sitzt schief. Diesen Sitzfehler können Sie vermeiden, indem Sie die freie Hand ebenfalls nach vorne nehmen und parallel zur zügelführenden Hand halten, so als ob Sie beidhändig reiten würden.

Chaps machen ein langes Bein und können einen guten Sitz noch unterstreichen.

Sie können die Zügelhand etwas seitlich vom Widerrist halten. Auch das erleichtert Ihnen eine gerade Haltung. Außerdem bleibt das Handgelenk lockerer. Wählen Sie dann aber den der zügelführenden Hand gegenüberliegenden Zügel etwas länger, damit beim Annehmen der Zügel wieder gleichmäßiger Druck auf das Pferdemaul ausgeübt wird.

Die Beine sollten Kontakt zum Pferdekörper halten, dabei jedoch nicht klammern. Der Absatz ist leicht tiefer als die Zehen und der Fuß nahezu parallel zum Pferdekörper. Zeigt die Fußspitze zu stark nach außen, löst sich das Knie vom Sattel, außerdem ist der Sporn (sofern man damit reitet) ständig am Pferdebauch. Ein zu tiefer Absatz ist ebenso unerwünscht wie eine hochgezogene Ferse. Drückt man den Stiefelabsatz extrem nach unten, wird das Sprunggelenk und in Folge dessen die Hüfte steif. Vielmehr sollte der Reiter locker und entspannt im Sattel sitzen, aber dennoch eine aufrechte Haltung zeigen.

Betrachtet man den Horsemanship-Reiter von hinten, sollten Schultern, Hüfte und Fersen jeweils eine waagrechte Linie bilden. Insbesondere muss man bei Volten und Zirkeln darauf achten, dass man die innere Schulter nicht hängen lässt. Dadurch würde man in der Hüfte einknicken und das Pferd falsch belasten.

Manche Reiter versuchen, übertrieben gerade zu sitzen, und tendieren zu einem Hohlkreuz. Außerdem kommt man dadurch zu sehr auf den Oberschenkeln zu sitzen. Viele Richter akzeptieren die-

Reiten mit anstehenden Zügeln ist in der Horsemanship akzeptabel.

se eher steife Haltung für die Horsemanship. Man kann diesen Sitz auch nur bei einem ruhig gehenden, gut auszusitzenden Pferd zeigen. In dynamischen Disziplinen wie in einer Reining wäre ein solcher Sitz unmöglich durchzuhalten.

Mit deutlichem Punktabzug hingegen müssen Sie rechnen, wenn Sie mit abgekipptem Becken, rundem Rücken und vorgeschobenen Beinen im Sattel sitzen. Auf diese Weise kann man weder sensibel auf das Pferd einwirken noch ruhig und ausbalanciert sitzen. Man stört das Pferd in seinen Bewegungen unter anderem durch eine starke Gewichtsbelastung der Lendenwirbelsäule.

Die Hilfengebung

Der korrekte Sitz ist die Grundlage für eine adäquate Hilfengebung. Nur wenn Sie gut sitzen, können Sie auch weich einwirken. Halten Sie stets Kontakt mit den Beinen und Zügeln zum Pferd, um insbesondere in der Einzelaufgabe eine ständige Kommunikationsbasis zu ihm aufrecht zu erhalten. Da die Manöver sehr kurz aufeinander folgen, ist eine schnelle, aber feine Hilfengebung erforderlich. Der Kontakt zum Pferd darf also nicht gelöst werden. Darum ist es auch sinnvoll und erlaubt, in der Einzelaufgabe mit anstehenden Zügeln, also ständigem Kontakt zum Pferdemaul zu reiten. Im Gegensatz zur Pleasure, bei der ein loser Zügel erwünscht ist, ist ein dauerhafter Zügelkontakt in der Horsemanship oft schon aufgrund der gestellten Aufgaben erforderlich.

Zügelkontakt bedeutet allerdings nicht, dass am Zügel gezogen wird. Vielmehr besteht nur eine feine Verbindung zwischen Pferdemaul und Reiterhand, wodurch das Pferd bereits ein leichtes

Vibrieren oder das Krümmen eines Fingers als Signal spürt. So ist das Übermitteln feinster Hilfen möglich. Muss jedoch zuerst der Slack aus den Zügeln genommen werden, würde die Hilfe deutlich sichtbar, vor allem aber ungenau werden und viel zu lange dauern.

Unsichtbare Hilfen, wie sie für einen guten Ritt in der Horsemanship erforderlich sind, sind nur dann möglich, wenn der Reiter zu seinem Vierbeiner steten Kontakt hält – mit den Beinen, dem Gesäß und den Händen über die Zügel.

Vom Line up sollte man im rechten Winkel zur Startpylone reiten.

Prüfungstaktik

Da in der Horsemanship die Manöver kurz aufeinander folgen, hat man während der Prüfungsaufgabe keine Zeit mehr zu überlegen, wo man hinreiten soll. Deshalb muss man sich die Aufgabe vorher mehrmals durch den Kopf gehen lassen und den idealen Reitweg planen. Um Fehler zu vermeiden, ist es außerdem ratsam, die Pattern vor der Prüfung mehrmals mental zu durchreiten. Das tatsächliche Abreiten der Prüfung ist höchstens ein oder zwei Mal akzeptabel, da das Pferd ansonsten dazu tendiert, die Hilfen vorwegzunehmen.

Patterneinteilung

Grundsätzlich gilt, dass man vom Line up in rechtem Winkel abbiegt und zur Startposition reitet, wenn man an der Reihe ist. Schräges Zureiten auf die Startpylone wird ungern gesehen.

Überlegen Sie sich, in welchem Abstand Sie zu den Pylonen reiten wollen, und halten Sie diesen Abstand auch zu den weiteren Markern ein. Nur so kann man eine gerade Linie reiten. Ein Abstand von etwa 2,50 Metern gilt als ideal, sofern keine anderen taktischen Maßnahmen einen engeren oder weiteren Abstand sinnvoll machen. Natürlich ist zunächst darauf zu achten, dass man auf der richtigen Seite der Pylone startet. Studieren Sie deshalb den Patternplan ganz genau.

Wenn Wendungen in Richtung zu den Markern verlangt werden, ist ein entsprechender Abstand wichtig, damit man nicht mit den Pylonen kollidiert. Mit den als Richtwert angegebenen 2,50 Metern kommt man hier gut aus. Das Berühren von Pylonen führt zu einem Punktabzug, das Umwerfen der Plastikkegel gar zu einer 0-Score.

Ist eine Volte zwischen zwei Markern zu reiten, schafft man sich mehr Platz, wenn man knapp an den Pylonen vorbeireitet. In diesem Fall beginnt man

Das Reiterbein sollte sich auf Höhe der Pylone befinden.

In der Horsemanship wird exaktes Reiten verlangt: Die Übergänge müssen genau auf Höhe der Pylone stattfinden.

ausnahmsweise näher an den Kegeln zu reiten. Wenn die Größe von Zirkeln oder Volten nicht durch die Marker festgelegt ist, erleichtert man sich die Aufgabe, wenn man den vorhandenen Platz ausnützt. Ist ein Zirkel nur mit einer Pylone als Startmarker festgelegt, zeigt diese den Anfangspunkt des Zirkels an. Driftet das Pferd nach oben oder unten ab, wird der Zirkel nicht rund und es gibt Punktabzug. Deshalb sollte man immer die jeweiligen Pylone als Bezugspunkt im Auge behalten. Ansonsten könnte man die Orientierung verlieren, und die Wege werden ungenau.

Positionen zu den Pylonen

Bei der Bewertung der Horsemanship-Pattern zählt zunächst einmal die exakte Ausführung der Aufgabe. Pylonen markieren den Reitweg, wobei vorgeschriebene Manöver und Übergange präzise auf Höhe der Marker ausgeführt werden müssen. Dabei gibt es zwei Positionen des Reiters zur Pylone, die die Richter akzeptieren: Entweder es befindet sich das Reiterbein auf Höhe der Pylone (bevorzugte Variante) oder die Vorderbeine des Pferdes. Hat man sich für eine Position entschieden, gilt diese als gewählt. Es gibt Punktabzug aufgrund eines Pylonenfehlers, wenn man während der Prüfung zwischen beiden Varianten wechselt.

Soll der Reiter auf Höhe des Markers anhalten, muss man den Stop früh genug einleiten, damit das Pferd zum Halten kommt, wenn das Reiterbein exakt neben dem Pylonen positioniert ist. Als Anhaltspunkt kann man sich merken, dass die Hilfen dann eingeleitet werden sollten, wenn die Nase des Pferdes den

Marker passiert. Dennoch benötigen manche Pferde mehr Weg als andere. Es kommt außerdem auf die jeweilige Gangart, Geschwindigkeit und das Manöver an.

Natürlich müssen alle Übergänge (Gangartenwechsel oder Übergänge innerhalb einer Gangart wie vom Jog zum Trot) ebenfalls exakt auf Höhe der entsprechenden Pylone stattfinden. Zu späte, aber auch zu frühe Wechsel ziehen Pylonenfehler nach sich und ergeben einen Punktabzug. Wenn der Marker nur um einen Meter verfehlt worden ist, wird man weniger hart bestraft als wenn das Pferd um mehrere Meter über das Ziel hinausschießt.

Dennoch ist es in der Regel besser, einen Pylonenfehler zu akzeptieren, als dass man sich vehementen Punktabzug durch zu harte Handeinwirkung einhandelt. Ein offenes Maul oder ein hochgerissener Kopf des Pferdes drücken die Wertung stark nach unten. Grobe Hilfengebung nicht nur beim Stop, sondern bei allen Manövern – ob eine hart einwirkende Hand oder deutliches Spornieren – ist ein schwer wiegender Fehler in der Horsemanship. Diese Fehler sind schlimmer als das Verfehlen der Pylone.

Um die Übergänge exakt zu reiten, ist viel Übung vonnöten. Insbesondere sollen die Manöver nicht nur präzise an einem Punkt, sondern auch weich und fließend ausgeführt werden und dies zudem ohne sichtbare Hilfengebung. Kann der Reiter all diese Punkte erfüllen, wird er mit Pluspunkten und einer guten Platzierung belohnt.

Lieber den kleineren Fehler wählen

Ein Pylonenfehler wird in der Western Horsemanship weniger hart bestraft als eine grobe Einwirkung mit der Zügelhand, aufgrund derer das Pferd den Kopf hochwirft oder vor Unbehagen und Schmerz das Maul öffnet.

Mentale Vorbereitung

Mit Hilfe der gezeichneten Pattern oder den bereits platzierten Markern in der Arena kann man die Aufgabe schon im Kopf durchreiten. Dabei stellt man sich vor, wie man die Prüfung reiten möchte. Im Zeitlupentempo wird jegliche Hilfengebung sowie der Reitweg geistig durchgespielt. Dazu suggeriert man sich die ideale Ausführung der Aufgabe. Man tüftelt so den bestmöglichen Abstand zu den Pylonen aus und stellt sich den perfekten Ablauf des gesamten Rittes vor. Dabei geht man sehr tief ins Detail: Was tue ich mit meinen Beinen, Händen und dem gesamten Körper in welcher Situation? Wann kommt welcher Schenkel zum Einsatz, wie soll die Handhaltung aussehen, wo blicke ich hin?

Durch häufiges Wiederholen des geistig ablaufenden, perfekten Rittes tritt eine gewisse Automatisierung ein. Somit läuft der Prozess irgendwann ohne großes Nachdenken teilweise im Unterbewussten ab. Eine derartige Automatisierung kennt jeder fortgeschrittene Reiter, der seine Schenkel automatisch einsetzt, wenn er treibend auf das Pferd einwirken will. Er hat es tausendmal gemacht, deshalb muss er nicht mehr darüber nachdenken. Und ebenso müsste man eine gesamte Pattern tausendmal durchdenken oder auch in der Praxis durchreiten (wobei in der Praxis Fehlerquellen nicht ausgeschaltet werden können, die den idealen Ablauf stören und somit dem gewünschten Automatismus entgegen stehen), um hier eine Automatisierung zu erhalten.

Da man logischerweise immer nur den Idealzustand, die perfekte Hilfengebung und den vollkommenen Ritt automatisieren möchte, ist mentales Training erfolgversprechender als praktisches Training, da durch verschiedene Einflüsse in der Praxis Fehler nicht zu verhindern sind.

Andererseits erfährt die Muskulatur nicht das notwendige Training, zum Beispiel für die Haltearbeit des Körpers beim Reiten, wenn man nur mental trainiert, um die geforderte Leistung erbringen zu können. Zwar haben Wissenschaftler festgestellt, dass allein durch Mentaltraining, also die rein geistige Vorstellung einer Übung, sogar die Muskulatur tatsächlich gestärkt werden kann, trotzdem reicht die geistige Vorstellungskraft allein nicht aus, um ein guter Reiter oder Sportler zu werden. Ideal ist die Kombination zwischen mentalem (geistigem) und körperlichem Training.

Doch aufgrund der tatsächlich etwa tausendfach notwendigen Wiederholungen, ob real oder im Geiste, die man braucht, um eine Automatisierung herbeiführen zu können, ist dieser Aufwand für eine Prüfungsvorbereitung nicht praktikabel. Trotzdem kann ein zwei- oder dreimaliges Durchdenken der Aufgabe zu einer deutlichen Leistungssteigerung beitragen, während ein ebenso häufiges reales Durchreiten der Pattern weniger Vorteile bringen kann. Die Nachteile sind neben einer höheren Fehlerquelle auch die Belastung des Pferdes und seiner Sehnen, Knochen und Muskulatur. Des Weiteren animiert man den Vierbeiner, die Hilfen vorweg zu nehmen, wenn man dieselbe Aufgabe mehrmals durchreitet, was wiederum Fehler verursacht.

Durch die geistige Auseinandersetzung mit der Pattern lassen sich auch schwierige Passagen herausfiltern sowie der ideale Reitweg planen. Ebenso ist es hilfreich, die Ritte der anderen Teilnehmer zu begutachten, weil man hierbei sehr deutlich sehen kann, wo sie Schwierigkeiten haben. Damit kann man die eigene Fehlerquote senken, da man gewarnt ist und eine schwierige Passage entsprechend anreiten kann, um fehlerfrei zu bleiben.

Fehlerpunkte minimieren

Trotz bester Vorbereitung ist man Fehlern gegenüber nicht gefeit. Fehler sind menschlich, und auch das beste Pferd ist keine Maschine und kann Fehler machen. Ob Mensch oder Tier – es ist in einer Horsemanship-Prüfung zunächst völlig gleichgültig, wer für einen Fehler verantwortlich ist, die Frage ist lediglich, wie man damit umgeht. Nichtsdestotrotz sollte man sich vor Augen halten, dass an den meisten Fehlern der Reiter die Schuld trägt.

Insbesondere in Einsteigerklassen passiert es noch des Öfteren, dass das Pferd beispielsweise im falschen Galopp anspringt. Auch wenn die Galoppstrek-

Man sollte es über den Sitz spüren, ob das Pferd richtig galoppiert.

ke noch so kurz ist, sollten Sie in jedem Fall versuchen, den falschen Galopp zu korrigieren. Wenn Sie die gesamte Strecke – sei es ein Zirkel oder eine Gerade – im falschen Galopp absolvieren, kann der Richter den geforderten Galopp nicht bewerten, da Sie ihn nicht gezeigt haben. Der Richter kann sogar davon ausgehen, dass Sie den falschen Galopp gar nicht bemerkt haben! Das sind natürlich kräftige Minuspunkte für den Reiter. Vielleicht denkt der Richter auch, Sie können sich die Pattern nicht merken.

Sollten Sie noch nicht spüren können, ob Ihr Pferd richtig galoppiert, ist es immer noch besser, Sie blicken kurz zur Pferdeschulter herunter, um sich vom richtigen Galopp zu überzeugen, als dass Sie einen derart groben Fehler riskieren und das Manöver im falschen Galopp absolvieren.

Natürlich müssen Sie keinen fliegenden Wechsel reiten, um den Galopp zu korrigieren. Nehmen Sie das Pferd sanft, aber sofort auf und parieren Sie zum Trab durch. Nun sollten Sie möglichst sofort das Pferd neu und diesmal auf dem richtigen Fuß angaloppieren. Sollte das Pferd wieder falsch anspringen, lohnt es sich in jedem Fall, nochmals eine Korrektur anzubringen – so lange der Weg eben reicht.

Sauberes Back up

Das Rückwärtsrichten wird von vielen Reitern nicht ernst genug genommen. Immer wieder sieht man ein unwilliges und schiefes Back up, von der richtigen Anzahl der geforderten Tritte gar nicht zu reden. Da das Rückwärtsrichten in vielen Fällen am Ende der Einzelaufgabe steht, sind die meisten Reiter anscheinend nicht mehr konzentriert genug, das letzte Manöver sauber auszuführen. Deshalb gilt gerade dieser Lektion besondere Aufmerksamkeit.

Wenn drei Schritte rückwärts gefordert sind, sollte man weder zweieinhalb noch dreieinhalb Schritte reiten. Das exakte Einhalten der Pattern wird schließlich mitbeurteilt. Dabei sollte man wissen, dass die Schritte eines Pferdes jeweils doppelt so viele Tritte sind. Ein Schritt entspricht zwei Tritten und drei Schritte sind demnach sechs Tritte. Beim Mitzählen der Schritte ist es einfacher, die Tritte der Vorderbeine zu zählen. Das Beiziehen des Beines zum Stillstand (quasi ein halber Tritt) zählt jedoch als ganzer Tritt, denn das Pferd sollte abschließend nicht in Schrittstellung, sondern geschlossen stehen.

Schritte und Tritte
Man sollte bei der Patternbeschreibung darauf achten, ob Schritte oder Tritte gefordert sind. Wenn die Angabe in Schritten ausgewiesen ist, muss man doppelt so viele Tritte reiten. Am einfachsten ist es, die Tritte der Vorderbeine zu zählen.

Um die exakte Anzahl der Tritte zu reiten, ist es erforderlich, dass der Reiter jeden einzelnen Tritt herausreiten kann. Somit gibt man für jeden Tritt einen Schenkeldruck. Sie sollten Ihr Pferd nicht rückwärts richten, indem Sie am Zügel ziehen und den Druck lösen, wenn das Reittier stehen bleiben soll. Daraus ergibt sich ein zähes, unwilliges und deshalb meist auch schiefes Rückwärtsrichten. Stellen Sie Ihr Pferd gerade, nehmen Sie leichten Kontakt zum Pferdemaul auf und reiten Sie mit Hilfe des Schenkeldrucks jeden einzelnen Tritt rückwärts heraus. Sobald sich das Pferd in Bewegung gesetzt hat, sollte man den Zügelkontakt lösen und möglichst ohne jede Zügeleinwirkung – lediglich mit Hilfe von Schenkel und Gewichtsverlagerung – rückwärts richten.

Das Rückwärtsrichten sollte außerdem flüssig und gerade erfolgen. Das Horsemanship-Pferd muss nicht in hohem Tempo rückwärts laufen, sollte aber auch nicht stockend und zäh rückwärts gehen. Der Richter möchte ein williges Pferd sehen, das zügig und fleißig rückwärts tritt.

Das letzte Manöver – es ist noch nicht vorbei

In manchen Pattern ist der Weg zum Line up zurück eingezeichnet, in anderen nicht. Wenn der Weg und die Gangart verzeichnet sind, gehört diese Passage auch mit zur Pattern. Somit ist die Einzelaufgabe erst abgeschlossen, wenn man wieder im Line up steht. Man sollte sich vergewissern, ob man nach rechts oder links, vor oder hinter dem Richter zurückreiten muss und ob das Zurückreiten im Schritt oder im Jog erfolgen soll. Beides kann verlangt sein. Auch wenn der nächste Reiter bereits mit sei-

Wie in der Pattern vorgegeben, muss auch der Weg zurück zum Line up in Gangart und Reitlinie eingehalten werden.

ner Einzelaufgabe begonnen hat, kann man sicher sein, dass der Richter den zurückreitenden Teilnehmer noch im Auge behält. Fehler wie Gangartunterbrechung oder das Einschlagen des falschen Weges schlagen somit in der Bewertung zu Buche.

Vom Line up werden die Reiter meist anschließend gleich auf den Hufschlag für die Railwork geschickt. Hier sollte man sich genügend Zeit beim Losreiten lassen, um einen angenehmen Abstand zum Vordermann zu erhalten. Für das Verhalten in der Railwork gelten dieselben Regeln wie in der Western Pleasure. Nur die Bewertungskriterien sind anders gelegt. Während in der Western Pleasure das Pferd und dessen Gangqualitäten im Vordergrund stehen, werden in der Railwork der Horsemanship Sitz und Einwirkung des Reiters als Hauptkriterium herangezogen.

Der letzte Schliff

Ein exakter und fehlerloser Ritt genügt heutzutage in den höheren Klassen nicht mehr, um in der Western Horsemanship ganz nach vorne zu reiten. Da das reiterliche Niveau von Jahr zu Jahr steigt, müssen auch die Anforderungen angepasst werden, damit eine klare Platzierung zustande kommt. Neben einer präzisen Vorstellung, einem vorbildlichen Sitz und kaum sichtbarer Hilfengebung möchte der Richter einen flüssigen und zügigen Ritt sehen. Neben der Forderung, die Pattern möglichst exakt zu reiten, ist dies eine weitere Schwierigkeit. Die Übergänge von einem Manöver zum nächsten sollen fließend, ohne unnötige Verzögerungen, erfolgen.

Nehmen wir als Beispiel eine Aufgabenstellung, bei der nach einer Hinterhandwendung um 180 Grad nach rechts anschließend im Rechtsgalopp weiter-

Der Richter möchte in der Horsemanship eine flüssige, aber exakte Vorstellung sehen.

geritten werden soll. Während man früher einen kurzen Halt nach der Wendung akzeptiert hat, um das Pferd für den Galopp vorzubereiten und zu stellen, soll heutzutage schon aus der Wendung heraus galoppiert werden. Man sieht hier eindeutig die Tendenz zu einem wesentlich flüssigeren Ablauf der Prüfung, der aus einer Wendung mit anschließendem Angaloppieren einen Roll back macht und aus einer Hinterhandwendung einen Spin oder Turn around.

Die Forderung, die Pattern möglichst zügig durchzureiten, birgt die Gefahr, dass man in Hektik verfällt, die letztendlich Fehler verursacht. Die Kunst besteht deshalb darin, die Aufgabe zwar ohne unnötige Pausen und Verzögerungen zu durchreiten, aber dennoch einen ruhigen und souveränen Eindruck zu hinterlassen. Damit alles flüssig klappt, sind ein sehr hohes Maß an Rittigkeit des Pferdes und überdurchschnittliches reiterliches Können des Reiters gefordert.

Fehlerlos, flüssig und fein

Der Richter möchte in der Western Horsemanship eine flüssige, exakte und reibungslose Vorstellung sehen, bei der der Reiter einen vorbildlichen Sitz und feinste Hilfengebung demonstriert. Patternfehler, unsaubere Ausführung, Verzögerungen, Sitzfehler und grobe Einwirkungen auf das Pferd führen je nach Schwere des Fehlers zu entsprechendem Punktabzug.

Showmanship at Halter

5

Die Showmanship at Halter (Englisch *halter*: Halfter) ist eine Prüfung, bei der das Pferd an der Hand vorgestellt wird. Es handelt sich dabei um eine Jugendklasse, in der nur Stuten und Wallache, aber keine Hengste vorgestellt werden dürfen. Für viele Turnieranfänger kann diese Disziplin der richtige Einstieg sein, obwohl auch hier bereits professionelle Leistungen an der Tagesordnung sind. Bewertet wird in erster Linie der Vorführende, sodass es Jugendlichen möglich ist, mit einem Pferd beliebiger Rasse erfolgreich teilzunehmen.

Das Showen des Pferdes

In dieser Klasse steht das Showen des Pferdes im Vordergrund. Das bedeutet mehr, als das Pferd am Halfter durch bestimmte Aufgaben lediglich zu führen. Das Showen des Pferdes heißt, es entsprechend zu präsentieren. Voraussetzung dafür ist, dass das Pferd auf kleinste Zeichen mit dem Führstrick und der Körpersprache des Vorführenden reagiert. Es sollte bereitwillig folgen, ohne dass der Jugendliche am Strick ziehen muss. Das mit Showhalfter und Führkette ausgestattete Pferd wird stets am losen Strick geführt, wobei der Vorführende den Führstrick nicht an der Kette anfassen sollte. Dies führt zu Punktabzügen. Der Führstrick sollte in Schlaufen aufgerollt getragen werden. Natürlich darf das Pferd auch nicht bewusst mit den Händen oder Füßen berührt werden, da dies zu einem 0-Score führen würde.

Bewertet wird das Vorstellen des Pferdes, wobei das Gesamtbild einschließlich der Sauberkeit, die Ausrüstung des Pferdes und das Erscheinungsbild (Kleidung) des Jugendlichen mit einfließen. Weitere Bewertungskriterien sind das Vorführen des Pferdes in der Bewegung (Pattern) und im Stand (Set up), ebenso das gesamte Verhalten und die Aufmerksamkeit.

Die Art des Vorführens ist stets von aktuellen Strömungen beeinflusst. Die Zeiten, in denen der Vorführer sehr steif auftrat und ein gekünsteltes Lächeln aufsetzte, sind vorbei. Vielmehr möchte man heutzutage ein natürliches Verhalten des Jugendlichen sehen, der jedoch exakt und präzise arbeitet. Übertreibungen im Verhalten sind fehl am Platz, ein freundliches Lächeln sowie lockere, aber genaue Bewegungen werden gerne gesehen. Die Jugendlichen sollen Freude, Optimismus und durchaus auch Stolz bei der Vorführung ihrer Pferde ausstrahlen.

Die Planung der Pattern

Bei der Frage zur Patterneinteilung kann man sich an dieselben Tipps halten, wie sie schon in der Disziplin Horsemanship gegeben wurden. Man sollte auf einen genügend großen Abstand zu den Pylonen achten, insbesondere wenn Wendungen zur Pylone hin vorgesehen sind, und das Pferd frühzeitig auf einen Gangartenwechsel oder Stop vorbereiten, damit dieser exakt auf Höhe des Markers stattfindet.

Der Jugendliche sollte außerdem darauf achten, dass er sein Pferd beim Vorführen nicht behindert. Es gibt Abzüge, wenn das Pferd schief läuft und seinen Hals krümmt. Der Vorführer muss deshalb seine Hand unterhalb des Pferdekinns halten, damit das Pferd seinen Kopf gerade halten kann. Dazu ist es notwendig, dass man den Arm etwas ausstreckt, jedoch sollten die Ellbogengelenke nicht durchgestreckt werden, weil dies steif aussieht.

Insbesondere sollten Wendungen sowie das Rückwärtsrichten exakt und zügig vonstatten gehen. Wenn der Vorführer auf dem Weg zum Richter ist, vor dem das Set up erfolgen soll, ist es ratsam, den Richter anzuschauen, damit man gerade auf ihn zugehen kann.

Das Training

Um sein Pferd in der Showmanship at Halter gut präsentieren zu können, ist ein gezieltes Führtraining unumgänglich. Das Showpferd sollte dem Vorführer folgen und weichen, ohne dass man am Strick ziehen oder das Pferd berühren muss, damit es mitläuft beziehungsweise ausweicht.

Das Set up

Beim Set up wird das Pferd vor dem Richter aufgestellt. Der Richter geht in einem Kreis um das Pferd, um dieses zu begutachten. Der Jugendliche sollte darauf achten, dass sein Pferd alle vier Beine gleichmäßig belastet und geschlossen steht. Je zügiger sich der vierbeinige Partner aufstellen lässt, desto besser. Es ist darauf zu achten, dass das Pferd seinen Kopf gerade hält und der Führstrick locker ist. Wenn der Jugendliche dem Richter mit einem Nicken signalisiert, dass er mit dem Aufstellen des Pferdes fertig ist, wird der Richter das Pferd umrunden. Dabei muss der Vorführer je nach Standort des Richters seine Position wechseln.

Teilt man den Bewegungsradius um das Pferd in vier Quartale auf, wobei man den Schnittpunkt am Widerrist des Pferdes anlegt, und nummeriert die Bereiche von Eins bis Vier durch, beginnt der Richter im ersten Quartal seine Umrundung. Dabei steht der Vorführer links neben seinem Pferd, im Quartal Nummer Vier. Wechselt der Richter in den zweiten Teilbereich, folgt der Vorführer in den Abschnitt Nummer Eins. Geht der Richter um die Kruppe des Pferdes in das dritte Quartal, wechselt der Jugendliche wieder in die Ausgangposition (Abschnitt Vier) zurück. Überschreitet der Richter die Linie zum vierten Abschnitt, weicht der Vorführer auf die rechte Seite seines Pferdes (Bereich Nummer Eins) aus. Beendet der Richter die Umrundung, geht der Jugendliche wieder in die Grundposition in Abschnitt Vier zurück.

Das Wechseln der Teilbereiche sollte ziemlich exakt erfolgen, deshalb ist es hilfreich, sich die gedachten Teillinien der einzelnen Bereiche vorzustellen, um rechtzeitig das Feld zu räumen. Während des Set ups wendet man sich stets aufmerksam und freundlich dem Richter zu. Das Wechseln der Führposition gibt dem Jugendlichen die Möglichkeit, sich stets dem Richter zuzuwenden, aber es dient auch der Sicherheit. Der Vorführer kann an der jeweils korrekten Position sein Pferd so kontrollieren, dass es – sollte es unruhig werden – seine Hinterhand nicht gegen den Richter wenden kann.

Das Erscheinungsbild

Passende und saubere Kleidung ist für die Showmanship obligatorisch. Ein in der Größe passender Hut trägt ebenfalls zu einem adretten Erscheinungsbild bei. Gut geputzte Schuhe fallen zudem positiv auf. Die Hose sollte lang genug und nicht unbedingt eine ausgewaschene Arbeitsjeans sein. Leinenhosen sind hier vorteilhafter als Jeans. Zum Vorführen des Pferdes an der Hand, wie es bei der Showmanship at Halter, aber auch in allen anderen Halterdisziplinen praktiziert wird, eignet sich zusätzlich das Tragen eines Blazers beziehungsweise Jacketts. Dies gibt dem Gesamtbild den letzten Schliff.

Eingeflochtene Mähnen sieht man sowohl in der Showmanship als auch in Reitdisziplinen gerne.

Der Pflegezustand des Pferdes spielt für diese Disziplin ebenfalls eine wichtige Rolle. Zunächst ist das Pferd einer intensiven Säuberung zu unterziehen. Wenn es die Witterung zulässt, ist es selbstverständlich, das Tier mit dem Wasserschlauch und einem milden Shampoo (Kindershampoo oder spezielles Pferdeshampoo) zu waschen. Dem Langhaar und den Hufen wird besondere Aufmerksamkeit bei der Pflege geschenkt. Hübsch sehen auch fantasievolle Flechtmuster für die Mähne aus, in jedem Fall aber sollten Mähne und Schweif gut durchgekämmt werden. Die Hufe werden vor dem Turnier vom Schmied getrimmt und schließlich penibelst gesäubert. Den letzten Touch erreicht man durch einen hochwertigen Hufbalsam oder Huflack.

6 Die Disziplin Trail

Im Trail werden die Aufmerksamkeit und Manier des Pferdes mit beurteilt.

Eine der beliebtesten Disziplinen – gerade im Einsteigerbereich – ist der Trail. Es scheint, als würde es sich hier nur um das Überwinden verschiedenster Hindernisse handeln, die relativ einfach zu bewältigen sind. Doch der Trail hat sich zu einer Disziplin entwickelt, in der mittlerweile nicht mehr nur die Unerschrockenheit und der Gehorsam des Pferdes im Vordergrund stehen, sondern in überwiegendem Maße auch die Rittigkeit. Die Aufgabenstellung ist insbesondere in höheren Klassen mit engen Wendungen und extrem kurzen Wegen recht kompliziert. Somit haben nur gut durchgymnastizierte und rittige Pferde eine Chance auf eine gute Platzierung. Umso wichtiger ist im Trailparcours das taktische Verhalten, die richtige Planung des Reitweges und die Überlegung, wie schwerwiegende Fehler vermieden werden können.

Das ideale Trailpferd

Um eine gute Bewertung zu erhalten, reicht es nicht aus, die Hindernisse fehlerlos zu bewältigen. In die Beurteilung werden neben der Rittigkeit die Aufmerksamkeit des Pferdes und dessen Manier mit einbezogen. All diese Dinge zusammen machen ein gutes Trailpferd aus. Aufgrund der engen Wendungen und kurzen Wege in einem modernen Trailparcours ist es bei der Auswahl eines geeigneten Trailpferdes von Vorteil, wenn man ein kleines, kompaktes Pferd wählt, das mit dieser Aufgabenstellung besser zurecht kommt als ein großes, langes Tier. Ebenso ist es eher vorteilhaft, wenn das Pferd kurze Tritte anbietet, um mit den oft engen Stangenabständen besser klar zu kommen.

Rittigkeit

Das heißt jedoch nicht, dass große Pferde grundsätzlich nicht geeignet sind, einen Trailparcours gut zu meistern. In manchen Fällen sind langrückige Pferde sogar flexibler als Reittiere mit einem kurzen Rücken. Eine gute Gymnastizierung ist jedoch für jedes Pferd wichtig, um im Trailparcours zu bestehen. Es ist eine Frage der Rittigkeit, die Schrittlänge den jeweiligen Stangenabständen anzupassen oder die engen Wendungen zu meistern. Nicht selten wird das Hineintraben oder gar Hineingaloppieren in ein nur etwa einen Meter breites Stangen-L gefordert. Dies ist nur dann sauber zu bewältigen, wenn das Pferd sich biegen kann und gut an den Hilfen steht.

Bei Steuerungshindernissen wie Tor oder Stangenkombinationen muss man sein Pferd nahezu zentimetergenau steuern können. Wenn das Pferd dann nicht auf feinste Hilfen reagiert, sind viele Hindernisse nicht fehlerfrei zu absolvieren.

Manier und Aufmerksamkeit

Pluspunkte für ein Trailmanöver gibt es insbesondere dann, wenn das Pferd die Hindernisse aufmerksam und vorsichtig, aber nicht ängstlich oder unsicher bewältigt. Die ganze Körperhaltung, die Ohren und der Ausdruck der Augen verraten dem Richter die Einstellung des Pferdes zu seiner Aufgabe. Ein tiefer Kopf, gespitzte Ohren und der aufmerksame Blick auf das Hindernis werden positiv bewertet. Das Pferd sollte in der Lage sein, bei bestimmten Hindernissen wie Brücke oder Walk-, Jog- beziehungsweise Lope over, selbstständig den Weg durch oder über das Hindernis zu finden. Ein Pferd, das sich selbst hilft und die Schrittlänge dem Stangenabstand anpasst, hat im Trailparcours Vorteile. Bei Hindernissen wie beispielsweise dem Tor sollte das Pferd mitdenken und willig den Hilfen des Reiters Folge leisten. Hier ist es ungünstig, wenn das Reittier selbstständig arbeitet und die Hilfen des Reiters vorweg nimmt. Pferde, die an solchen Hindernissen antizipieren, machen unweigerlich Fehler. Ein gutes Trailpferd muss einerseits selbstständig arbeiten können, andererseits aber auch auf die Hilfen des Reiters warten können. Das erfordert ein Höchstmaß an Konzentration, Aufmerksamkeit und Interesse. Ein Pferd mit diesen Eigenschaften ist in der Lage, vordere Ränge zu belegen.

Ein Trailpferd sollte Hindernisse wie die Brücke selbstständig, aufmerksam und sicher bewältigen können.

Richtsysteme und Bewertung

Beim alten Richtsystem der EWU gab es für jedes Hindernis höchstens zehn Punkte, die sich aus acht Punkten für die Hindernisbewältigung und zwei Punkten für die Manier zusammensetzten. Neuerdings hat man in der EWU das Richtsystem der AQHA übernommen, wobei von einer Durchschnittspunktzahl von 70 Punkten ausgegangen wird, zu denen pro Manöver in Halbpunkteschritten bis zu 1,5 Punkte hinzugezählt oder abgezogen werden können. Mittlerweile wird in allen Disziplinen, für die es ein offizielles Scoring-System gibt und in denen die Scorelisten auch ausgehängt werden, dieses System angewandt.

Gescorte Disziplinen

In gescorten Disziplinen kommt das vorgeschriebene Bewertungssystem zur Anwendung. Hierbei geht man von 70 Punkten aus und zählt für gute Manöver Punkte dazu oder zieht welche für eine schwache Darbietung ab. Abgezogen werden zusätzliche Fehlerpunkte (Penaltys) für festgelegte Fehler. In allen gescorten Disziplinen werden die Bewertungsbögen (Scorelisten) nach Ende der Disziplin ausgehängt.

In nicht gescorten Disziplinen werden keine offiziellen Punkte vergeben und auch keine Scorelisten bekannt gegeben.

Gescorte Disziplinen sind: Reining, Trail, Jungpferdeprüfungen, Western Riding, Super Horse, Working Cowhorse und Cutting.

Nicht gescorte Disziplinen sind: Western Pleasure, Western Horsemanship, Showmanship at Halter.

Achten Sie darauf, dass Sie im Stangenquadrat zur richtigen Seite wenden!

Zu den Manöver-Scores kann sich der Reiter Fehlerpunkte (Penaltys) einhandeln, wenn bestimmte Aufgaben nicht erfüllt werden. Die Penaltys sind im Regelbuch genau festgelegt. Bei schwerwiegenden Fehlern kann der Reiter mit einer 0-Score für den gesamten Ritt bestraft werden. Dies ist beispielsweise dann der Fall, wenn die festgelegte Hindernisreihenfolge nicht eingehalten oder ein falscher Weg zwischen den Aufgaben oder im Hindernis eingeschlagen wird. Wenn ein Hindernis von der falschen Seite begonnen, gearbeitet oder verlassen wird, bedeutet dies ebenfalls einen 0-Score-Ritt. Wendet der Reiter beispielsweise in einem Stangenquadrat zur falschen Seite, bedeutet dies für den gesamten Parcours null Punkte. Auch falsche Ausrüstung, nicht korrekte Zügelführung, das Reiten außerhalb der zur Begrenzung der Pattern bestimmten Markierungen und ein dreimaliges Verweigern haben eine Bewertung von null Punkten beziehungsweise eine Disqualifikation (falsche Ausrüstung) zur Folge.

Andere schwere Fehler werden mit fünf Penaltys bedacht. Es sind dies das Loslassen des Tors, erstes Verweigern und Fallenlassen eines Gegenstandes, der transportiert werden soll.

Fünf Penaltys gibt es auch, wenn das Pferd den Gehorsam verweigert (buckelt, steigt, ausschlägt), ein Hindernis nicht vollendet wird oder eine Gangart ausgelassen wird, ebenso das zweite Verweigern. Bei diesen Fehlern jedoch kann der Teilnehmer zusätzlich nicht vor einem anderen Teilnehmer platziert werden, der keinen dieser Fehler gemacht hat. Man spricht hier auch von Major-Penaltys oder 5-plus-Penaltys (5+).

> **Alle Jahre wieder**
> Die Regeln können sich von Jahr zu Jahr ändern, darum ist es ratsam, sich zu jeder neuen Turniersaison das aktuelle Regelbuch des Verbands zu organisieren, dessen Turniere man reiten möchte. Das Regelbuch sollte man sorgfältig studieren, um unnötige Fehler zu vermeiden. Meist sind die Änderungen zum Vorjahr zur besseren Orientierung unterstrichen oder grau unterlegt.

Punktevergabe im Trail

Die Manöver-Score gibt den Eindruck des Richters wieder, in welcher Form die Aufgabe bewältigt worden ist. Hier sind auch die Manier und die Aufmerksamkeit des Pferdes mit eingeschlossen. Ein Pferd kann beispielsweise das Überreiten von vier Stangen im Jog fehlerlos bewältigen, also ohne die Stangen zu berühren, aber dennoch eine schlechte Score erhalten. Dies ist beispielsweise dann der Fall, wenn das Pferd nicht mittig auftritt, unaufmerksam ist, den Kopf hochwirft oder Ähnliches. Der Reiter erhält zwar keine Penaltys, aber eine Score im Minusbereich.

Geht das Pferd jedoch sehr aufmerksam mit tiefem Kopf über das Hindernis und achtet darauf, wohin es seine Beine setzt, wird der Richter im Plusbereich bewerten. Dennoch kann es passieren, dass das Pferd an eine Stange anschlägt, wofür es einen Penalty bekommen muss; die Scorebewertung kann dennoch im Plusbereich sein.

Dieses Richtsystem ist für den Reiter gut durchschaubar, da jeder Fehler in Form von Penaltys und die Qualität der Ausführung eines Manövers durch die Scorebewertung dokumentiert ist.

Die Bewertung im Trail bezieht sich aber nicht nur auf die Hindernisse selbst. Auch der Weg zwischen den Hindernissen wird vom Richter unter die Lupe genommen. Der Reitweg wird stets in die Bewertung des nächsten Hindernisses mit einbezogen. Vergisst der Reiter, eine vorgeschriebene Gangart zu zeigen oder reitet er im falschen Galopp, erhält er 5+-Penaltys und kann nicht mehr vor einem Teilnehmer platziert werden, der keinen Major-Penalty hat. Da nutzen einem auch keine hohen Scores bei den Hindernissen mehr. Es kann ein anderer Reiter noch so schlechte Scores erhalten, wenn er keinen Major-Penalty aufweist, wird er immer vor einem Reiter platziert, der eine 5+ auf der Scoreliste stehen hat. Darum ist es sehr wichtig, sich die Fehler einzuprägen, die einen Major-Penalty nach sich ziehen, um diese in jedem Fall zu vermeiden. Außerdem muss man darauf achten, dass das Trailreiten nicht nur aus dem Bewältigen der jeweiligen Hindernisse besteht, sondern auch aus den Wegen zwischen den Hindernissen.

So vermeidet man Punktabzüge

Aufgrund des Scoring-Systems kann man seinen Ritt taktisch planen. So gilt es in erster Linie, Major-Penaltys und 0-Score-Ritte zu vermeiden. Ist ein Pferd unwillig oder ängstlich, sollte man lie-

Auch die Wege zwischen den Hindernissen werden einer Bewertung unterzogen.

ber frühzeitig darauf verzichten, ein Hindernis um jeden Preis bewältigen zu wollen und damit ein drittes Verweigern, das eine 0-Score zur Folge hätte, zu riskieren. Lieber geht man mit einem Major-Penalty für das Nichtvollenden eines Hindernisses zur nächsten Aufgabe über.

Zeigt das Pferd beim Transportieren eines Gegenstands Abwehrreaktionen, lässt man den Gegenstand lieber fallen und handelt sich dafür fünf Penaltys ein, bevor möglicherweise letztendlich eine 5+ wegen schwerwiegenden Ungehorsams (Bocken, Steigen) auf der Scoreliste steht. Wer sein Pferd gut kennt, kann die wahrscheinliche Reaktion abschätzen und darauf entsprechend frühzeitig reagieren.

Merkt man, dass das Pferd falsch galoppiert (beispielsweise Linksgalopp, wenn Rechtsgalopp vorgeschrieben ist), sollte man den Galopp sofort korrigieren. Für den falschen Galopp wird man zwar mit drei Penaltys bestraft, wenn er jedoch nicht korrigiert wird und der richtige Galopp somit nicht gezeigt wird, gibt es 5+-Penaltys.

Achten Sie außerdem stets auf einen korrekten Handwechsel am Tor und führen Sie ansonsten keinen Handwechsel aus, wenn er nicht ausdrücklich erlaubt ist (siehe „Handwechsel", Seite 13 ff.), sonst handeln Sie sich einen 0-Score-Ritt ein.

Wann hat das Pferd verweigert?

Viele Pferde verweigern dann ihren Dienst am Hindernis, wenn der Reiter zu viel Druck macht und dem Pferd zu wenig Zeit gibt, um sich mit der Auf-

Wer sein Pferd gut kennt, kann die Reaktion bei den verschiedenen Trailaufgaben schon vorausahnen und entsprechend reagieren.

gabe auseinander zu setzen. Wird der Druck zu hoch, reagiert das Pferd mit seitlichem Ausweichen oder Rückwärtsgehen – es verweigert. Für das erste Verweigern (das Pferd scheut oder geht mehr als vier Tritte rückwärts) gibt es bereits fünf Strafpunkte. Lassen Sie es nicht so weit kommen, sondern erlauben Sie Ihrem Pferd, sich langsam und vorsichtig dem Hindernis zu nähern. Man sollte lieber einmal stehen bleiben und warten, bis der Vierbeiner sich überwinden kann, das Hindernis anzugehen, bevor man zu viel Druck mit den Schenkeln macht und damit eher ein Rückwärtsgehen auslöst.

Bleibt das Pferd während der Bewältigung eines Hindernisses oder vor dem Hindernis stehen, wird der Richter sicherlich von der Score den einen oder anderen Punkt abziehen, Strafpunkte sind jedoch nicht festgelegt. Auch wenn das Pferd nur einen bis vier Tritte rückwärts ausweicht, gibt es lediglich Scoreabzüge, aber noch keine Penaltys.

Reittechnik und Taktik

Gerade im Trailparcours kann man taktisch kluge Schachzüge einschlagen, um Fehler zu vermeiden oder einen guten Eindruck beim Richter zu hinterlassen, um eine gute Score zu erhalten. Der Reiter kennt sein Pferd am besten und kann somit die jeweils ideale Taktik wählen, um das Beste aus dem Ritt zu machen. Manche Pferde sind etwas nervös – sei es durch die Prüfungssituation, die sie durchaus auch als solche erkennen, sei es, dass der Reiter seine Nervosität auf das Tier überträgt. Hier hilft es manchmal, wenn man darauf bedacht ist, besonders langsam zu reiten. Schneller wird's aufgrund der Nervosität von selbst, nur merkt man es selber nicht.

Aus Unsicherheit oder Nervosität folgen außerdem nicht selten unnötige Stopps im Hindernis, davor oder danach. Und nicht zuletzt ist das vorausschauende Reiten nicht nur – wie Geländereiter wissen – im Straßenverkehr wichtig, um Gefahren frühzeitig zu erkennen, sondern auch im Trailparcours. Zwar muss man hier keine rasanten Autos oder lauten Laster fürchten, doch wird schnell mal der Weg zu kurz oder die Kurve zu eng, wenn man nicht rechtzeitig darauf vorbereitet ist.

All diese Schwierigkeiten, die sich für jeden Reiter und jedes Pferd wieder individuell ergeben, müssen berücksichtigt werden. Auf diese Weise lässt sich der Trailparcours taktisch klug planen und richtig einschätzen.

Das Tempo im Trailparcours

Der Richter möchte sehen, dass der Reiter den Trailparcours sicher, aufmerksam, aber dennoch zügig durchreitet. Natürlich sollte man nicht hastig werden, denn dies verursacht nur Fehler, außerdem geht es nicht auf Zeit. Dennoch ist übervorsichtiges Reiten mit vielen unnötigen Stopps auch nicht der richtige Weg. Der Richter kann dies als Unsicherheit werten. Selbstverständlich muss man das Tempo dem Schwierigkeitsgrad des jeweiligen Hindernisses anpassen und die Geschwindigkeit aus dem Ritt nehmen, wenn sonst Fehler riskiert werden.

Das Tempo im Trailparcours sollte den Aufgaben angemessen sein.

Unter „zügig“ ist zu verstehen, dass keine unnötigen Stopps eingebaut werden. Das Anhalten vor dem Hindernis ist nur dann empfehlenswert, wenn das Pferd Unsicherheiten zeigt, um gröbere Fehler zu vermeiden. Ansonsten sollte das jeweilige Hindernis flüssig angegangen werden. Ist ein Hindernis rückwärts zu bewältigen, wobei eine Wendung geritten werden muss, sollte diese ebenfalls ohne unnötiges Warten absolviert werden. Kurze Halts, um das Pferd auf die neue Bewegungsrichtung (von der Drehung auf rückwärts) vorzubereiten, sind jedoch kein Problem.

Reiten Sie rückwärts durch eine Passage und bleiben nach jedem Tritt stehen, wird dem Richter sicher langweilig. Wenn Sie öfters im Hindernis anhalten, wird der Richter vermutlich mit der Score tiefer gehen, insbesondere dann, wenn Sie Stopps einbauen, ohne dass es aufgrund einer besonders schwierigen Passage nötig gewesen wäre.

Natürlich wird der Richter aber auch vorsichtiges Reiten bei besonders kniffligen Situationen mit einer Plus-Score honorieren, wenn er sieht, dass Sie die absolute Kontrolle über jede Bewegung Ihres Pferdes haben und Ihr Vierbeiner auf jede noch so kleine Einwirkung entsprechend reagiert. Zeigen Sie bei Ihrem Ritt, was Sie und Ihr Pferd können, und nicht, dass Sie Angst haben, Fehler zu machen!

Das Tempo im Trailparcours sollte stets angemessen sein, worunter man versteht, dass die Geschwindigkeit vom Schwierigkeitsgrad des jeweiligen Hindernisses und den Anforderungen abhängig ist.

Anreiten und Verlassen von Trailhindernissen

Während des Durchreitens eines Hindernisses – bleiben wir einmal beim Rückwärtsrichten – sollten keine Stopps eingelegt werden. Jedes Zögern (wenn alle vier Beine auf dem Boden stehen) führt zu Abzügen in der Score. Im Training ist es hingegen sinnvoll, einzelne Tritte jeweils mit Pausen dazwischen zu reiten, um zu vermeiden, dass das Pferd die Hilfen des Reiters vorweg nimmt. Auf dem Turnier sollten die Aufgaben jedoch flüssig geritten werden.

Das Anhalten nach dem Rückwärtsrichten sollte erst dann geschehen, wenn das Pferd das Hindernis verlassen hat, denn nur dann ist es abgeschlossen. Stoppt man und bemerkt schließlich, dass man doch noch einen oder zwei Tritte reiten muss um abzuwenden, ist der Richter geneigt, Punkte abzuziehen. Ebenso ungünstig ist es, wenn der Reiter zwar das Hindernis verlassen hat, anhält, dann aber nochmals einen oder zwei Tritte rückwärts oder seitwärts (je nach Hindernistyp) weiterreitet, bevor er abwendet. Dies kann ebenfalls als Stopp während der Rückwärts- oder Seitwärtsbewegung gewertet werden und kann zu Abzügen führen.

Deshalb sollten Sie schon frühzeitig den Platz bestimmen, an dem Sie anhalten wollen. Vergewissern Sie sich, dass dort das Pferd gut positioniert ist, um zur nächsten Aufgabe überzugehen.

Wenn man die Klugheit besitzt, ein Hindernis korrekt anzureiten, ist das schon die halbe Miete. Bei Überreithindernissen gelten drei Grundsätze:

1.) mittig,
2.) in der richtigen Geschwindigkeit (insbesondere die Schrittlänge auf den jeweiligen Stangenabstand einstellen),
3.) gerade gerichtet (ausbalanciert) anreiten.

Auf diese Weise können Sie Fehlerquellen minimieren.

Gern gesehen wird vom Richter, wenn der Reiter möglichst nah an das nächste Hindernis in der vorgegebenen Gangart heranreitet – natürlich ohne mit zu viel Zügeleinwirkung anhalten zu müssen oder gar ans Hindernis zu stoßen. Sollte Ihr Pferd schwer durchzuparieren sein, müssen Sie in Kauf nehmen, dass Sie eher anhalten müssen, um sicherheitshalber die letzten Schritte langsam an das Hindernis heranzureiten.

Ein gutes Trailpferd lässt sich exakt reiten, und so sollte es auch an jedem beliebigen Punkt anzuhalten sein. Nicht selten müssen die Teilnehmer einer Trailprüfung auf höherem Niveau beispielsweise in ein nur 1,80 Meter großes Stangenquadrat hineingaloppieren. Dies erfordert ein exaktes Timing und zeigt dem Richter die Rittigkeit des Pferdes.

Ans Tor sollte man die letzten Tritte seitwärts heranreiten und auch seitwärts wieder wegreiten, um beim Abwenden nicht Gefahr zu laufen, das Hindernis noch zu berühren, was wiederum Strafpunkte gibt.

Bei Hindernissen, die rückwärts oder seitwärts absolviert werden müssen, reitet man zwar möglichst nah heran, hält aber dennoch genügend Abstand, um die entsprechende Wendung ausführen zu können, die das Pferd zum Hindernis richtig positioniert.

Hindernisse auslassen oder abbrechen

Um einen 0-Score-Ritt durch ein dreimaliges Verweigern zu vermeiden, können Sie frühzeitig von einem Hindernis ablassen, wenn Sie merken, dass Ihr Pferd dieses wohl nicht mehr ohne größere Probleme meistern wird. Besser als eine 0-Score für den gesamten Ritt sind die Penaltys (5+), die Sie für den Abbruch bekommen. Anreiten müssen Sie das Hindernis jedoch in jedem Fall. Tun Sie dies nicht, landen Sie immer bei einer Punktzahl von Null. Der Richter muss davon ausgehen, dass Sie das Hindernis vergessen haben, wenn Sie es nicht anreiten.

Hat man große Probleme in einem Hindernis, kann es besser sein, die Aufgabe frühzeitig abzubrechen, wenn das Pferd zu nervös wird und man mehr Fehlerpunkte sammeln würde als die aktuellen 5(+) für den Abbruch des Hindernisses.

Ans Tor sollte man seitwärts heranreiten.

Falscher Weg

Wenn der Reiter den falschen Weg innerhalb des Trailparcours einschlägt, findet er auf der Bewertungsliste hinter seiner Startnummer eine Null für die Score. Diesen folgenschweren Fehler kann man vermeiden, indem man die Pattern vorher genau ansieht und seinen Reitweg frühzeitig plant.

Der vorgeschriebene Weg ist in der Pattern eingezeichnet. Dabei sollte man beachten, auf welcher Seite die Reitlinien an Pylonen, Markern, Hindernissen oder Pflanzen vorbeigeführt werden. Diese Linie ist strikt einzuhalten. Schon das Reiten auf der falschen Seite eines solchen Markers bedeutet eine 0-Score.

Man bekommt ebenfalls keine Punkte mehr für seinen Ritt, wenn man die Reihenfolge der Hindernisse nicht einhält oder auch in einem Hindernis den falschen Weg wählt (beispielsweise eine Drehung zur falschen Seite in einem Stangenquadrat).

Empfehlenswert ist es deshalb, sich die Pattern anhand der Papierzeichnung, die jeder Reiter vor der Prüfung einsehen kann, genauestens einzuprägen. Anhand der Legende sollte man sich auch vergewissern, welche Gangart von welchem Punkt an verlangt wird. Oft variieren die Bezeichnungen für Walk, Jog oder Lope von Veranstalter zu Veranstalter, sodass eine gestrichelte Linie nicht immer ein Jog ist, sondern bei einem anderen Veranstalter durchaus einen Walk bezeichnen kann. Das Einhalten der Übergangspunkte von einer Gangart in die andere fließt ebenso in die Bewertung mit ein wie die Gangqualität, die das Pferd anbietet.

Wenn nur sehr kurze Strecken für den Trab oder Galopp vorgesehen sind, sollte man überlegen, ob man sich möglicherweise mehr Raum verschaffen kann, indem man einen Bogen weit ausreitet. Dies ist jedoch nur möglich, wenn man dabei innerhalb der vorgeschriebenen Markierungen bleiben kann. Den Reitweg sollte man sich so einteilen, dass das nächste Hindernis auf ideale Weise, also geradlinig, mittig und in der richtigen Geschwindigkeit, angeritten werden kann. Darum gilt es, stets vorausschauend zu reiten und das nächste Hindernis zu fixieren, wenn man von der vorherigen Aufgabe wegreitet. Verlieren Sie nie den Überblick im Trailparcours, schauen Sie nicht auf Ihr Pferd herab, sondern auf Ihren Reitweg – diese Floskel kennt wohl jeder schon von seinem Reitlehrer. Jetzt wissen Sie auch, dass man damit nicht nur zu einem guten Sitz beiträgt, sondern dass dies außerdem ganz praktische Gründe hat. Sie können nämlich auf diese Weise wirklich dahin reiten, wohin Sie tatsächlich wollen, da Sie in der Lage sind, Ihr Pferd frühzeitig zu steuern. Dies ist insbesondere in Trailparcours wichtig, in denen man nicht viel Platz für Korrekturen hat. Enge Wendungen und kurze Reitwege erhöhen den Schwierigkeitsgrad einer Pattern enorm und werden immer mehr dazu verwendet, um die Spreu vom Weizen zu trennen. Stellen Sie sich darauf ein und verlieren Sie hier keine wertvollen Punkte!

Am Tor punkten

Das Tor ist im Trailparcours ein Pflichthindernis, somit kommt es in jeder Trailprüfung vor. Es ist aber auch eine sehr große Fehlerquelle, da viele nicht wissen, wie das Tor zu durchreiten ist, ohne viele Penaltys zu erhalten.

Zunächst ist darauf zu achten, ob es vorgeschrieben ist, das Tor vorwärts oder rückwärts zu durchreiten und ob der Torflügel vom Reiter weggeschoben oder zu ihm her gezogen werden muss. Oft kann das Tor auch beliebig durchritten werden – wichtig ist nur, dass man von der richtigen Seite aus beginnt.

Ein einmaliger Handwechsel ist am Tor erlaubt, den Sie bitte dann ausführen, wenn das Pferd am Tor vor dem Öffnen und nach dem Schließen still steht.

Am besten ist es, wenn man seitwärts an das Tor heran reitet und einen oder zwei Schritte seitwärts wieder weg rei-

Das Tor ist im Trailparcours ein Pflichthindernis.

tet, wenn das Tor geschlossen worden ist. Damit vermeidet man unnötige Torberührungen des Pferdes, was stets einen Punktabzug bringt (pro Anschlagen einen Penalty). Sie sollten Ihrem Pferd auch nicht erlauben, das Tor mit dem Kopf zu berühren, sich daran zu reiben oder es zu beknabbern. Viele Reiter lassen dies zu und handeln sich dementsprechend Strafpunkte ein. Selbst im Training sollte man diese Regel beherzigen, damit das Pferd in der Prüfung nicht in Versuchung kommt. Es muss für das Pferd tabu sein, das Tor – und auch jedes andere Hindernis – zu berühren.

Naschen ist tabu

Damit das Pferd im Trailparcours weder Hindernisse noch Pflanzen, die häufig als Markierungen und zur Zierde aufgestellt werden, beknabbert, sollte der Reiter seinem Pferd von Grund auf das Fressen verbieten, solange es das Gebiss im Maul hat. Diese Konsequenz wird vom Pferd schnell akzeptiert und man hat in der Trailprüfung keine Probleme, dass sich das Reittier durch verlockende Pflanzen ablenken lässt oder aus Neugierde die Hindernisse beknabbert.

Um am Tor die volle Punktzahl zu erreichen, sollte es nicht weiter geöffnet werden als unbedingt erforderlich, damit Reiter und Pferd hindurchpassen. Ideal ist ein Abstand von etwa zehn Zentimetern zum Tor. Die Toröffnung sollte in jeder Phase des Durchreitens vom Pferd verdeckt sein, damit keine imaginären Rinder entwischen können. Natürlich gilt auch an diesem Hindernis, dass jedes Stehenbleiben Scoreabzüge zur Folge hat.

7 Die Reining

Die Reining ist eine der beliebtesten Disziplinen im Westernreiten.

Die Westerndressur gilt als Königsdisziplin und ist sowohl bei den Reitern als auch bei den Zuschauern sehr beliebt. Ein eigener Verband, die National Reining Horse Association (NRHA), hat sich allein auf diese Disziplin spezialisiert. Das Regelbuch der NRHA gilt in der Disziplin Reining meist auch als Grundlage für andere Verbände. So kann es vorkommen, dass allgemeine Reitregeln in der Reining anders gehandhabt werden als etwa im Trail oder in der Western Pleasure.

Die NRHA erlaubt beispielsweise das Reiten ohne Zügelbrücke, wenn in einer Klasse eine beidhändige Zügelführung mit Snafflebit vorgesehen ist. Hingegen muss nach den Regeln weiterer Verbände in anderen Disziplinen zwingend mit Zügelbrücke geritten werden. Deshalb sollte man auch hier das entsprechende Regelbuch sorgfältig studieren.

Was ist ein korrektes Manöver?

Das Bewertungssystem in der Reining sieht wiederum eine Punktzahl von 70 als durchschnittlich an. Hiervon werden – wie bereits bekannt – bis zu 1,5 Punkte dazugezählt oder abgezogen. Bewertet wird hiermit die Ausführung des jeweiligen Manövers. Hinzu können noch diverse Fehlerpunkte kommen, die im Regelbuch festgelegt sind.

Eine Score von Null bei einem einzelnen Manöver bedeutet, dass der Reiter die Aufgabe korrekt, aber ohne besonderen Schwierigkeitsgrad, ausgeführt hat. Wenn der Reiter bei jedem Manöver eine Null in der Score erhält und auch keine Penaltys bekommt, endet der Ritt mit 70 Punkten, was eine durchschnittliche Bewertung darstellt.

Die Richter haben für die Bewertung ein Bild im Kopf, das ein durchschnittliches Manöver darstellt, also eine Score von 0. Zeigt der Reiter die jeweilige Aufgabe in einer besseren Ausführung, geht die Bewertung in den Plusbereich. Ist die Qualität der Manöver jedoch schlechter als die Vorstellung von einem durchschnittlichen Manöver, wird im Minusbereich gescort.

Auch der Run down fließt in die Bewertung mit ein.

Der Stil spielt keine Rolle
Es gibt Pferde, die mit einem sehr tiefen Kopf hervorragend stoppen und dafür eine gute Bewertung erhalten. Das bedeutet jedoch nicht, dass alle Pferde den Kopf tief tragen müssen, um eine gute Score zu erhalten. Manche Pferde laufen und stoppen möglicherweise besser, wenn die Nase vorgestreckt ist. Das ergibt keine schlechtere Bewertung als eine Nasenlinie leicht vor oder in der Senkrechten (jedoch nicht hinter der Senkrechten), wenn die Manöverausführung gleich gut ist. Der Stil des jeweiligen Pferdes spielt für die Bewertung keine Rolle.

Reiten zwischen Plus und Minus

„Versuche eine 70er Score zu reiten und du gewinnst“, so der Tipp eines erfolgreichen Reining-Trainers, und er hat in den meisten Fällen damit Recht. Der Versuch, ein Manöver beispielsweise durch den Aufbau von Geschwindigkeit im Plusbereich zu beenden, scheitert meist daran, dass man durch riskantes Reiten Fehler macht und letztendlich doch im Minusbereich landet. Gerade Einsteiger und Amateure sollten obige Regel deshalb beherzigen, wenn sie in der Reining erfolgreich sein wollen.

Das Bestreben sollte zunächst dahin gehen, die erforderlichen Manöver fehlerfrei auszuführen. Erst wenn die Lektionen in ihrem richtigen und sauberen Ablauf in Fleisch und Blut übergegan-

Nur wenn man die Zirkel über den X-Punkt anlegt, sind sie gleichmäßig.

gen sind, kann mit dem Aufbau von Geschwindigkeit begonnen werden und auf diese Weise ein höherer Schwierigkeitsgrad erreicht werden.

Um eine Null zu reiten, müssen die Manöver zu hundert Prozent korrekt sein. Dabei ist zu berücksichtigen, dass beispielsweise nicht nur der Stop allein bewertet wird, sondern auch der dazugehörige Run down (je nach Pattern auch der Run around) und der nachfolgende Roll back.

Was alles zu einem Manöver gehört

Für eine objektive Bewertung eines Rittes, aber auch, um die Prioritäten im Training und in der Arena richtig zu setzen, darf man die Wertigkeit nicht allein auf die Hauptmanöver wie den Sliding Stop oder die Zirkel legen. Man muss vielmehr die vorbereitenden und anschließenden Manöver wie Run down, Roll back und Galoppwechsel zu gleichen Teilen in die Beurteilung mit einbeziehen.

Ebenso werden bei der Bewertung der Zirkel die Galoppwechsel berücksichtigt. Wenn die Zirkel hervorragend geritten werden und der Richter zu einer Plus-Score tendiert, der Reiter jedoch den anschließenden Galoppwechsel nur mäßig ausführt (der Galoppwechsel allein also im Minusbereich liegen würde), wird er über eine gesamte Score von Null für die Zirkel nicht hinauskommen.

Vielen Reitern ist auch nicht klar, dass schon das Einreiten in die Arena mitbewertet wird. Deshalb sollten Sie, sobald Sie die Reitbahn betreten haben, keine Volten mehr reiten oder mit der zweiten Hand korrigierend eingreifen. Reiten Sie vom Eingang aus über den Hufschlag zum Beginn der Pattern, der in der Regel der X-Punkt ist (es sei denn, es handelt sich um eine Run-In-Pattern). Den meisten Richtern ist es auch sehr angenehm, wenn Sie eintraben, um Zeit zu sparen. Denken Sie jedoch daran, dass Sie vor Beginn der Pattern sanft zum Halt oder Schritt durchparieren. Die Pattern muss aus dem Halt oder Schritt begonnen werden. Wenn man die Aufgabe aus dem Trab beginnt, handelt man sich zwei Penaltys ein. Zupft der Reiter schon beim Einreiten ständig am Zügel und klopft mit den Sporen am Pferd, hinterlässt er bereits einen schlechten Eindruck beim Richter und beginnt seine Pattern möglicherweise im Minusbereich. Um auf eine Null beim ersten Manöver zu kommen, muss er dann wirklich besonders gut reiten.

Bemühen Sie sich, stets korrekte Manöver zu zeigen, die den Richter von Ihrem Können überzeugen, und vermeiden Sie unnötige Fehler. Dann gehen Sie stets mit einer guten Bewertung aus der Prüfung.

So schaffen Sie die 70er Score

Wenn man eine 70er Score reiten will, darf nichts schief gehen! Gehen Sie kein Risiko ein und reiten Sie alle Manöver exakt und korrekt. Sie dürfen sich auch keine Penaltys einhandeln, sonst bleiben Sie in jedem Fall unter der magischen Grenze von 70 Punkten. Etwas Glück gehört natürlich auch dazu, die Pattern fehlerlos zu beenden.

Mit Risiko in den Plus-Bereich

Um auf einen Plus-Score zu kommen, muss man meist auf Risiko reiten. Das bedeutet, dass zu einem korrekt ausgeführten Manöver ein höherer Schwierigkeitsgrad wie zum Beispiel mehr Geschwindigkeit gezeigt werden muss. Im Plusbereich reitet man auch, wenn sich das Pferd ohne Zügeleinwirkung steuern lässt, also der Reiter keinerlei Korrekturen durch Annehmen der Zügel anbringen muss. Insbesondere schätzen Richter einen losen Zügel beim Übergang vom schnellen großen in einen kleinen langsamen Zirkel. Selbstverständlich nutzt es jedoch nichts, die Zügel lang zu lassen, wenn das Pferd die Geschwindigkeit ohne Zügeleinwirkung nicht eindeutig reduziert. Auch ist der lose Zügel sinnlos, wenn das Pferd dann keine runden Zirkel mehr oder in Außenstellung geht. In solchen Fällen rutscht man unweigerlich in den Minusbereich ab. Die Korrektheit des Manövers muss unbedingt erhalten bleiben, wenn man in den Plusbereich gelangen möchte. Dies stellt eine besondere

Geschwindigkeit gibt die Möglichkeit, Pluspunkte zu sammeln, birgt aber auch das Risiko einer erhöhten Fehlerwahrscheinlichkeit.

Das Pferd darf erst nach der Mittelpylone zum Stop ansetzen.

Schwierigkeit dar. Deshalb wird ein überdurchschnittlicher Ritt auch mit einer Plus-Score belohnt.

Dieses hohe Niveau wird in guten Amateurklassen und in Profiklassen erreicht. Dabei gehen die professionellen Reiter ganz bewusst ins Risiko, weil auf diesem Niveau und mit entsprechender Konkurrenz nur eine Plus-Score den Sieg bringt. Somit sieht man nicht selten Ritte, in denen ganz klar die Devise „Alles oder nichts" liegt. Dies ist verständlich, wenn es um hohe Preisgelder oder begehrte Titel geht. Ob man Dritter oder Siebter in einer Europameisterschaft wird, ist nicht relevant. Es zählt nur der Titel, also der Sieg. Und damit werden die Reiter auch animiert, risikoreich zu reiten, was spannende Ritte zur Folge hat.

Das Risiko liegt darin, dass bei einer Geschwindigkeit, die an der Grenze des Machbaren liegt, auch die Fehlerwahrscheinlichkeit hoch ist. Je schneller ein Pferd galoppiert, desto wahrscheinlicher ist ein ungeplanter Wechsel. Das Pferd könnte aber auch ausrutschen oder stolpern und damit eine Gangartunterbrechung riskieren. Nicht zu unterschätzen ist auch, dass bei hohen Geschwindigkeiten die meisten Pferde nicht mehr so sicher zu kontrollieren sind. Wenn das Pferd auf dem Zirkel dann etwas über die Schulter drückt, geht die Score sofort nach unten. Um mit einem Pferd hohe Geschwindigkeiten gehen zu können, muss die Ausbildung schon auf sehr hohem Niveau liegen.

Die Geschwindigkeit und ein loser Zügel sind jedoch nicht alles, um in den Plusbereich zu gelangen. Die Richter wollen auch ein gewisses Maß an Finesse und Eleganz sehen. Eingeschüchterte Pferde, die hinter der Senkrechten gehen und sich offensichtlich nicht trauen, den Kopf auch nur etwas anzuheben, haben keine Ausstrahlung. Ihnen fehlt diese Finesse, sodass sich der Richter schwer tun wird, im Plusbereich zu scoren.

Die Bewertungskriterien in der Reining

Die Bewertung in der Reining erfolgt nach folgendem Schema:

1.) On Pattern (also das exakte Einhalten der vorgegebenen Pattern)

2.) Korrekte Ausführung der Manöver

3.) Schwierigkeitsgrad (Geschwindigkeit, loser Zügel)

Nach dem Roll back sollte das Pferd auf derselben Spur zurücklaufen, von der es gekommen ist.

Manöverkritik

Manchen Reitern ist oftmals nicht klar, an welchen Passagen sie wertvolle Punkte verlieren. Deshalb sollte man wissen, bei welchen Fehlern es wie viele Penaltys gibt, um diese möglichst zu vermeiden. Manchmal sind es nur einfache Kriterien, auf die man achten muss.

Run down, Stop und Roll back

Der Stop wird nach einem Run down eingeleitet und mit einem anschließenden Roll back oder einem Rückwärtsgehen abgeschlossen. Achten Sie darauf, dass Sie während des Run downs nicht näher als sechs Meter neben der Bande reiten, denn dafür gibt es einen halben Penalty. Auch wenn Sie beim Stop zwar den Abstand einhalten, aber beim Übergang vom Run around zum Run down zu nahe an die Bande kommen, wird Ihnen dies als Fehler angelastet.

Nach dem Roll back können Sie hingegen ohne Fehlerpunkte in den Run around gehen, wenn Sie näher an die Bande heranreiten, jedoch dürfen Sie nicht zu nahe an der Bande aus dem Run around herauskommen. Fixieren Sie einen markanten Punkt an der kurzen Seite der Arena, der mindestens sechs Meter von der Längsseite der Reitbahn entfernt ist, um den Abstand einzuhalten.

Der Stop darf außerdem nicht vor der Mittelpylone ausgeführt werden, das ergibt satte zwei Penaltys. Entscheidend ist dabei der Hinterhandeinsatz des Pferdes. Weiter bekommt der Reiter ebenfalls zwei Penaltys, wenn der Stop nicht unmittelbar aus dem Galopp (gleichzeitiges Einsetzen beider Hinterbeine), sondern über die Gangart Trab erfolgt. Die Bewertung besagt hier, dass eine Gangartunterbrechung vor dem Stop stattgefunden hat. Wenn hingegen das Pferd mit der Hinterhand einsetzt, aber aus dem Stop herausläuft (im Trab), erhält der Reiter nur Abzüge in der Score, aber keine Penaltys, weil es sich dabei lediglich um einen schlechten Stop handelt. Punktabzüge in der Score gibt es auch dann, wenn der Stop holprig ist, das Pferd das Maul aufsperrt, den Kopf hoch wirft oder mit den Vorderbeinen blockiert.

Trabt das Pferd nach dem Roll back heraus, anstatt zu galoppieren, wird dies je nach Anzahl der Tritte ebenfalls mit Penaltys bestraft. Bis zu zwei Schritten schlägt ein halber Penalty zu Buche, bei mehr als vier Tritten stehen zwei Fehlerpunkte auf der Scoreliste.

Ein falscher Galopp nach dem Roll back ergibt keine Penaltys, solange der Reiter nicht in den Run around abgebogen ist, lediglich Scoreabzüge sind möglich. Natürlich ist es notwendig, einen fliegenden Wechsel auszuführen, um in den richtigen Galopp zu wechseln. Ein einfacher Wechsel bedeutet wiederum eine Gangartunterbrechung und wird mit Penaltys bestraft.

Zeigt das Pferd beim Run around immer noch einen falschen Galopp, ist pro Viertelzirkel ein Fehlerpunkt fällig.

Der Roll back selbst sollte eine gesprungene 180-Grad-Wendung sein, bei der das Pferd auf derselben Spur zurückläuft, auf der es gekommen ist. Läuft es hingegen in einem Bogen aus dem Stop, geht der Richter mit der Score nach unten. Auch wenn es mehrerer Sprünge bedarf, um die Wendung auszuführen, der Kopf zu hoch geht oder die Hinterhand ausweicht, gibt es Abzüge. Die Korrektheit des Manövers ist hier nicht mehr gegeben, so kann es nur eine Minus-Score geben.

Ein einmaliges Aufsetzen der Vorderbeine nach 90 Grad ist in Ordnung, denn eine komplette 180-Grad-Wendung können nur sehr wenige Pferde ohne Bodenkontakt ausführen.

Das Back up

Wird nach dem Stop ein Back up verlangt, sollte dieses am losen Zügel und zügig ausgeführt werden. Pluspunkte kann es geben, wenn das Pferd nach dem Stop die Rückwärtsbewegung noch mit tiefer Kruppe einleitet. Das kostet sehr viel Kraft und nicht jedes Pferd ist körperlich in der Lage dazu. Richtet sich das Pferd vorher auf und läuft dann schnurgerade und flott am losen Zügel rückwärts, ist das Manöver – je nach Ausführung des Stops an sich – immer noch für eine hohe Score gut. Sobald das Pferd schief rückwärts geht, taktunrein wird, gegen den Zügel geht oder das Maul öffnet, wird der Richter im Minusbereich scoren, auch wenn der Run down und der Stop im Null-Bereich angesiedelt waren.

Nur wenn der Run down und der Stop überdurchschnittlich gut waren, kann man mit einem schlechten Back up für das gesamte Manöver noch auf eine 0-Score kommen.

Zirkel

Ein Zirkel ist rund. Wer hat das nicht schon etliche Male von seinem Trainer gehört? Auch der Richter möchte runde Zirkel sehen, die noch dazu durch den X-Punkt (Mittelpunkt der Bahn) angelegt sind. Diese Forderung wird insbesondere in Einsteigerklassen merkwürdigerweise nur sehr selten erfüllt. Weshalb es den Reitern so schwer fällt, durch den X-Punkt zu reiten? Weil sie nicht auf ihren Reitweg und die Pylonen achten!

Schon beim Einreiten in die Arena sollte man die Verbindung zwischen den Mittelmarkern fixieren, damit man bereits in der Mitte beginnt. Der Richter sitzt genau auf Höhe dieser Linie, ihm entgeht keine Abweichung von der Ideallinie. Beginnt man seine Zirkel außerhalb des X-Punktes, geht man bereits mit einer Minusbewertung in das erste Manöver. Das Angaloppieren sollte genau im Zentrum der Arena stattfinden; wenn man bereits an der Bande angaloppiert, weil das Pferd auf dem X-Punkt möglicherweise nervös wird, handelt man sich zwei Penaltys ein.

Manche Reiter meiden den X-Punkt auch während der Zirkel ganz bewusst und reiten ein oder zwei Meter daneben. Der fliegende Galoppwechsel findet immer über den Mittelpunkt statt und viele Pferde tendieren dazu, den Wechsel vorwegzunehmen. Darum meiden manche Reiter den X-Punkt, bevor das Pferd einen Wechselfehler begeht, weil dies letztendlich mehr Abzüge aufgrund eines falschen Galopps bringt. Durch ein fundiertes Training kann das Problem jedoch vermieden werden. Der Richter weiß das natürlich, er kann durch das Verhalten des Pferdes in der Prüfung stets Rückschlüsse auf die Art des Trainings ziehen.

Die großen und kleinen Zirkel sollten sich in Größe und Geschwindigkeit deutlich unterscheiden.

Um bei den Zirkeln nicht in den Minusbereich in der Score abzurutschen, sollte man darauf achten, dass die großen Zirkel auch wirklich deutlich größer und vor allem schneller geritten werden als die kleinen. Fehlt die Speed control (Englisch *speed control*: Tempo-Regulierung) oder ist sie unzureichend, wird man mit einem Minus vor der Score leben müssen. Hinzu können weitere Abzüge kommen, wenn das Pferd in Außenstellung galoppiert, sich gegen den Zügel wehrt, über die Schulter nach außen drückt und dergleichen. Sind die Zirkel nicht rund und nicht über den X-Punkt angelegt, gibt es ebenfalls Abzüge. Da kommen schnell so viele Minusaspekte zusammen, dass man schon ohne großartige Probleme bei der schlechtestmöglichen Bewertung von minus 1,5 Punkten in der Score landet. Die Richter mögen es auch nicht, wenn die Pferde bei den großen Zirkeln an der Bande kleben.

Pluspunkte lassen sich erreiten, wenn das Pferd korrekt gestellt am losen Zügel eine außergewöhnlich gute Speed control sowie astreine, runde Zirkel zeigt, die von einem flüssigen und exakten Galoppwechsel gekrönt sind. Dabei sollte der Geschwindigkeitsaufbau für die großen Zirkel in etwa auf Höhe der Endpylone abschlossen sein. Für den Übergang zu den kleinen Zirkeln sollte ziemlich genau in der Mitte am X-Punkt das Tempo gedrosselt werden.

Bremst man jedoch auf eine Weise herunter, dass das Pferd mit beiden Hinterbeinen zum Stop ansetzt, was manchmal beobachtet werden kann, geht die Taktreinheit der Galoppade verloren, und dies kann zu einem Punktabzug führen. Führt das Pferd die Hinterbeine gar parallel, ist eine Galoppbewegung nicht mehr gegeben und der Richter kann dies mit zwei Penaltys für eine Gangartunterbrechung bestrafen. Sollte das Pferd gar zu einem vollständigen Stop kommen, bei dem keinerlei Vorwärtsbewegung mehr gegeben ist, zählt dies als zusätzliches Manöver, wodurch der Richter den Ritt mit einer Gesamtscore von null Punkten werten muss.

Galoppwechsel

Der Galoppwechsel muss genau in der Mitte der Arena vollzogen werden. Zu frühe oder zu späte Wechsel – bereits um einen Galoppsprung – ziehen Penaltys nach sich. Wenn ein Pferd den Galoppwechsel unsauber springt, keine klare Linie geht und das Manöver abgehackt aussieht, wird der Richter wiederum mit der Score nach unten gehen.

Es ist nicht erforderlich, dass das Pferd einen dressurmäßig akkuraten Wechsel, wie er in der Western Riding gefordert ist, springt. Das Reiningpferd darf durchaus zuerst vorne und dann hinten wechseln, was mit „Nachziehen" bezeichnet wird. Das ergibt keine Punktabzüge. Wenn die Hinterhand jedoch einen weiteren Galoppsprung später wechselt, gerät man in den Penaltybereich, da das Pferd dabei einen Galoppsprung im Kreuzgalopp macht.

Ein gleichzeitig gesprungener Galoppwechsel ist nicht notwendig, da man der Ansicht ist, dass der nachgezogene Wechsel ein natürlicher Wechsel ist, wie ihn das Pferd auch auf der Weide in freier Natur zeigt. Der gleichzeitig gesprungene Wechsel hingegen ist durch Dressur erarbeitet und wird in der Reining nicht höher bewertet.

Wann ist ein Galoppwechsel gut?
Wenn man im Fluss der Galoppade kaum bemerkt, dass das Pferd einen fliegenden Galoppwechsel ausführt, ist dies ein gutes Manöver. Je flüssiger und unscheinbarer ein (natürlich korrekter) Wechsel ausgeführt wird, desto besser ist die Score.

Bei einem gut gelaufenen Spin hat immer ein Vorderbein Bodenkontakt.

Der Spin

Der Spin wird als gelaufene, schnelle 360-Grad-Drehung definiert. Dabei sollte stets ein Vorderbein Bodenkontakt haben. Wenn das Pferd jedoch springt, verliert es den Bodenkontakt und der Richter wird die Bewertung drücken. Das Pferd sollte außerdem mit der Hinterhand stationär bleiben. Idealerweise dreht das Reiningpferd auf dem inneren Hinterbein. Manche Pferde können auch um das äußere Hinterbein schnell und sauber drehen, sodass man nicht unbedingt Abzüge erwarten muss, dennoch sehen es manche Richter nicht gerne, wenn der Vierbeiner auf dem äußeren Bein steht, da es nicht hundertprozentig korrekt ist. Abzüge sind darum berechtigt.

Das Argument hierzu ist einleuchtend: Wenn das Pferd auf dem äußeren Bein steht, muss das innere Bein in der Drehung zurückgesetzt werden, was eine Rückwärtsbewegung darstellt, auch wenn das Pferd mit den Vorderbeinen korrekt nach vorne überkreuzt. Der Spin ist jedoch als Vorwärtsbewegung definiert, sodass das Drehen um das äußere Hinterbein keine korrekte Ausführung des Spins mehr ist. Die meisten Richter werden in so einem Fall mit der Score tiefer gehen.

Es ist kein großes Problem, wenn das Pferd das Standbein immer wieder vom Boden leicht abhebt und neu aufsetzt, solange es dabei am selben Platz bleibt. Dies entlastet die Gelenke des Pferdes während der Drehbewegung. Tritt das Pferd jedoch vom Drehpunkt weg, geht die Score unweigerlich nach unten.

Die Vorhand soll nach vorne überkreuzen, um die Vorwärtsbewegung im Spin zu erhalten. Der Kopf des Pferdes sollte leicht in die Bewegungsrichtung zeigen (erleichtert auch das Überkreuzen). Gerne gesehen wird ein loser Zügel, der möglichst nicht korrigierend eingreifen muss.

Eine Score im Plusbereich kann man durch hohe Geschwindigkeit erreichen, wobei jedoch die Ausführung korrekt bleiben muss. Die erste Vierteldrehung des Spins nutzt man zum Geschwindigkeitsaufbau. Langsames Andrehen ist meist ein wichtiger Garant dafür, dass der Spin korrekt aufgebaut wird.

Fehlerpunkte kann man sich einhandeln, wenn man über- oder unterdreht. Bis zu einer Achteldrehung steht ein halber Penalty auf der Scoreliste, bis zu einer Vierteldrehung zu viel oder zu wenig bekommt man eine Penalty. Dreht man mehr als einen Viertelspin zu viel oder zu wenig, hat man eine Gesamtscore von null Punkten. Auch wenn das Pferd sich um mehr als 90 Grad dreht, wo es nicht vorgeschrieben ist, ist das Reiter-Pferd-Paar „Off Pattern" und erhält null Punkte für den Gesamtritt.

Kommt das Pferd im Spin oder beim Roll back zum Stillstand (Freeze up), sind zwei Penaltys fällig. Dies ist dann der Fall, wenn sich die Schulter des Pferdes nicht mehr weiterbewegt. Bis zu einer Vierteldrehung vor oder nach Beenden des Spins wird ein Anhalten nicht als Freeze up, sondern als Unter- oder Überdrehen gewertet.

Immer wieder kommt es vor, dass man einen Spin zu viel oder zu wenig macht. Dies lässt sich vermeiden, wenn man richtig mitzählt. Bewährt hat sich die Methode, dass ein Spin dann gezählt wird, wenn er vollendet ist (also wenn der Reiter zum Richter blickt, wie es in den meisten Pattern der Fall ist). Somit ergibt sich eine Zählweise von 1-2-3-Stop, denn der vierte Spin ist stets der letzte.

Mitzählen auch im Training

Man sollte es sich angewöhnen, beim Spin stets die Drehungen mitzuzählen, auch wenn man im Training weniger oder mehr Spins reitet. Damit wird das Mitzählen zur Gewohnheit und man vergisst es auch nicht unter dem Prüfungsstress.

Außerdem nicht zu vergessen ...

Die Reiningprüfung ist nach dem letzten Manöver noch nicht vorbei. Mit zur Aufgabe gehört die obligatorische Gebisskontrolle. Hierzu geht man in ruhigem Tempo (Schritt) zum Richter, steigt vom Pferd ab (!) und nimmt dem Pferd das Kopfstück ab, damit der Richter das Gebiss begutachten kann. Es muss den Regeln des jeweiligen Regelbuchs, nach dem geritten wird, entsprechen, ansonsten erfolgt eine Disqualifikation.

Obwohl es in der Aufgabe beschrieben ist, wird immer wieder auch das Verharren, oft nach dem Spin oder am Ende der Pattern, vergessen. Viele Richter drücken hier ein Auge zu und lassen ein kurzes Zögern schon als Verharren gelten, denn es ist nicht genau beschrieben, wie lange ein Verharren sein muss. Somit wird als Verharren schon akzeptiert, wenn alle vier Beine des Pferdes am Boden still stehen. Wenn aber das eine Manöver unmittelbar ins nächste Manöver übergeht, ohne dass das Pferd zur Ruhe kommt, und es ist ein Verharren zwischen diesen Manövern verlangt, muss der Richter eine Null für die Gesamtscore vergeben. Also lieber die jeweilige Pattern genau studieren!

Super Horse, Western Riding und Co.

8

Gute Pleasurepferde sind meist auch für die Horsemanship gut geeignet.

Fortgeschrittene Turnierreiter spezialisieren sich meist auf bestimmte Disziplinen. Von den Anforderungen passen beispielsweise die Western Pleasure, die Western Horsemanship und der Trail gut zusammen, was aber nicht heißen muss, dass ein talentiertes Trailpferd nicht auch in der Reining Erfolg haben kann. Es kommt zum einen auf die Blutlinie (Züchtung) des Pferdes an, für welche Disziplin es prädestiniert ist, zum anderen aber auch auf das Training und die Vorlieben des Reiters.

Um die Vielseitigkeit eines Westernpferdes zu demonstrieren, kann man sich die Disziplin Super Horse als Ziel setzen. Hier soll das Pferd seine Fähigkeiten in Teilbereichen der vier Disziplinen

Die Anforderungen in der Western Riding sind sehr hoch.

Reining, Trail, Western Riding und Western Pleasure unter Beweis stellen. Aus diesem Grund ist diese Disziplin sehr anspruchsvoll.

Die Bewertungskriterien entsprechen denen der jeweiligen Disziplin, auf der Scoreliste sind für jedes Manöver wiederum Scores und Fehlerpunkte eingetragen, sodass man die Stärken und Schwächen eines Pferdes schnell herausfiltern kann. Wer eine Super Horse reiten möchte, sollte in der Lage sein, sich und sein Pferd schnell auf die Anforderungen der nächsten Disziplin einzustellen. Nach dem ruhigen Pleasure-Teil soll der Vierbeiner den flotten Reiningpart präsentieren. Keine einfachen Voraussetzungen, zumal auch die Manöver mit fliegenden Galoppwechseln, Spins und je nach Pattern mit Trabverstärkungen und einem Lope over mit anschließendem Sprung dem Reiter-Pferd-Paar einiges abverlangen.

Wem diese Anforderungen doch noch zu hoch sind und wer sich deshalb der Western Riding widmen möchte, kann nicht unbedingt auf leichtere Bedingungen hoffen. Die Western Riding ist eine Galoppwechselprüfung, bei der allerdings nicht nur die fliegenden Wechsel an sich, sondern auch der Weg dorthin mit in die Bewertung einfließen.

Anders als in der Reining müssen die Galoppwechsel simultan gesprungen werden. Ein so genanntes Nachziehen bedeutet einen halben Fehlerpunkt auf der Scoreliste, was hingegen in der Reining nicht bestraft wird. Ein mit Hinterhand Vor-

Um den speziellen Anforderungen der Rinderdisziplinen wie Cutting gerecht zu werden, benötigt man ein speziell dafür gezüchtetes und trainiertes Cowhorse.

hand gleichzeitig gesprungener Galoppwechsel bedarf normalerweise einer besonders guten dressurmäßigen Ausbildung. Die Prüfung stellt also hohe Anforderungen an Reiter und Pferd.

Die Qualität der Galoppwechsel sowie eine flüssige, taktreine Galoppade auf der Ideallinie sind die Kriterien für eine gute Bewertung. Die Wechsel selbst sollten flach gesprungen werden, wobei der Übergang vom Rechts- zum Linksgalopp und umgekehrt möglichst fließend vonstatten gehen sollte. Scoreabzüge ergeben sich beispielsweise, wenn das Pferd den Kopf hoch nimmt oder mit dem Schweif schlägt, der Reiter die Zügel annehmen oder sein Reittier zum Wechseln des Galopps schräg stellen muss (Galoppwechsel über Travers).

Ganz spezielle Disziplinen des Westernreitens sind auch Cutting und Working Cowhorse, bei denen das Pferd am Rind arbeitet. Um diesen Disziplinen gerecht zu werden, ist ein dafür eigens gezüchtetes und trainiertes Cowhorse vonnöten. Rinderdisziplinen verlangen ein Pferd mit „Cowsense". Diese Pferde können die Bewegungen eines Rindes vorausahnen und sind deshalb in der Lage, den schnelleren Rindern den Weg abzuschneiden und sie somit in Schach zu halten. Auch das Training eines Cowhorse unterscheidet sich in einigen Dingen von dem eines Reiningpferdes. Die Turnieranforderungen hat der Verband NCHA (National Cutting Horse Association) in seinem Regelbuch zusammengefasst.

Mit dem Erfolg kommt auch der Spaß am Turnierreiten.

Mit dem Erfolg kommt der Spaß

Die meisten Reiter nehmen an Turnieren teil, weil es ihnen Spaß macht, sich mit anderen zu messen. Nur für einige Profis ist die Turnierteilnahme ein Teil ihres Jobs. Freude am Turnierreiten kann aber erst entstehen, wenn man sich und sein Pferd entsprechend darauf vorbereitet hat. Dazu gehört regelmäßiges Training und ein fundiertes Ausbildungsprogramm für Reiter und Pferd. Ein Pferd sollte nur Turnierprüfungen absolvieren, denen es auch gewachsen ist.

Wenn zu Hause die Anforderungen einer Prüfung problemlos abgerufen werden können, kann man die Disziplin auch auf dem Turnier nennen. Hat man in diversen Passagen noch Schwierigkeiten, ist das Pferd unter dem Turnierstress letztendlich überfordert und wird kaum gute Leistungen zustande bringen. Somit wird man vom Abschneiden seines vierbeinigen Partners nur enttäuscht sein. Außerdem riskiert man, dass das Pferd turniersauer wird, wenn es überfordert ist.

Ein Turnierpferd wird turniersauer, wenn es nicht genügend auf eine Prüfung vorbereitet worden ist oder wenn es zu viele Prüfungen und Turniere absolvieren muss. In beiden Fällen steigt der Stresspegel zu stark an, sodass das Pferd versucht, diesem Stress zu entgehen, und verweigert schließlich seinen Dienst.

Turniere sind da, um das zu zeigen, was das Pferd zu Hause gelernt hat. Dennoch muss man damit rechnen, dass die Leistungen aufgrund der äußeren Umstände (Musik, Zuschauer, veränderte Umgebung, Nervosität des Reiters) gegenüber dem Training zu Hause deutlich abfallen. Eine Leistungseinbuße von etwa 20 Prozent ist normal. Dies relativiert sich jedoch im Laufe der Zeit mit zunehmender Routine, wobei manche Pferde dann sogar über sich hinauswachsen und einen Ehrgeiz entwickeln, der sie zu überdurchschnittlichen Leistungen anspornt. Dies ist aber nur dann der Fall, wenn man das Pferd kontinuierlich und ohne Druck für Turniere aufbaut.

Hat man sich nun trainingstechnisch auf das Turnier gut vorbereitet, weiß, wie man sich auf dem Turnier verhalten soll, kennt das Regelbuch und hat das Know How, um unnötige Fehler in der Prüfung zu vermeiden, steht dem Turniererfolg nichts mehr im Wege.